UNE

INFAMIE JUDICIAIRE

(SÉMITISME ET ANTISÉMITISME)

UNE
INFAMIE JUDICIAIRE

(SÉMITISME ET ANTISÉMITISME)

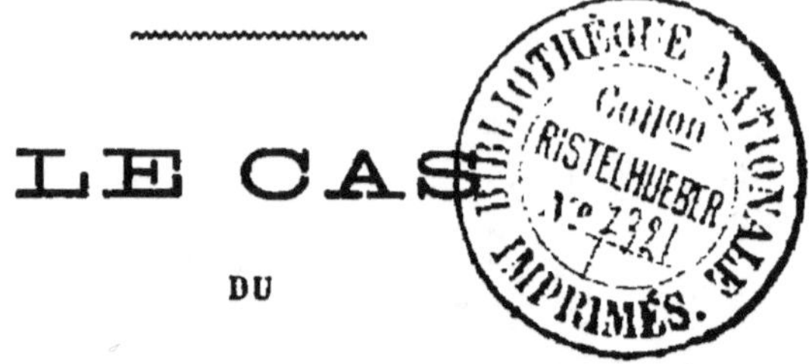

LE CAS

DU

CAPITAINE DREYFUS

PAR

HENRI STRAUSS

Directeur, rédacteur en chef de l'*Alliance Nationale*.

Prix: francs 1.50

STRASBOURG

JOSEPH SINGER, LIBRAIRE-ÉDITEUR

140, GRAND'RUE, 140

1897

AVANT-PROPOS

Si ma brochure ne paraît qu'aujourd'hui, c'est que l'étoile sous laquelle je suis né m'a réservé une spécialité, celle de tomber continuellement entre les mains de faiseurs et parfois . . . pis encore . . .

Il y a deux mois, j'étais dans ma chambre, à l'hôtel, à Genève, lorsque le sommelier vint m'avertir qu'un journaliste français désirait me parler, et en même temps il me remit une carte ainsi libellée :

A. Lagouthe

Ex.-Directeur et Rédacteur en chef de l'Avant-garde,

journal républicain, progressif et indépendant des deux Savoies

et du Pays de Gex.

Annemasse.

Tout en répondant au sommelier : « Ne connais pas », je lui dis de faire attendre l'individu dans le fumoir et que j'allais descendre.

Je trouvais mon Lagouthe attablé, savourant une tasse de moka et sirotant un verre de kirsch.

Aussitôt qu'il me vit, il me serra la main en disant: qu'il me connaissait, qu'il avait été *l'alter ego*, l'inséparable, du marquis de Morès, *surnommé le capitaine Fracasse*, qu'il avait suivi avec intérêt ma campagne courageuse et, que tout en étant l'ami de Morès, il était un de mes admirateurs; qu'il avait débuté à *l'Intransigeant* et qu'il avait collaboré au *Radical Algérien*.

Il me questionna, et moi, avec mon caractère crédule, me figurant toujours, malgré les dures leçons que j'ai déjà reçues, que tout le monde possédait la franchise au même degré que moi, je finis par lui dire que je voulais publier deux ouvrages: l'un intitulé *Le Triomphe des coquins*, dévoilant les turpitudes des ministres depuis le trop fameux Constans jusqu'à nos jours, les infamies des diverses administrations en France et que l'Europe n'envie pas du tout; visant surtout: la magistrature prévaricatrice et l'ignoble police dirigée par Lépine — sans-Roses. L'autre intitulé *Une infamie judiciaire*, prouvant l'innocence du malheureux capitaine Dreyfus.

Lagouthe me proposa de se rendre à Paris pour faire éditer, pour mon compte, ces ouvrages, si je voulais lui allouer la moitié du bénéfice.

Il fut convenu que lui se chargerait des frais de voyage, etc., et qu'il me ferait une avance.

J'acceptai sa proposition et en moins de huit jours je rédigeai *Le Triomphe des coquins*, volume de près de 600 pages.

Je lui remis le brouillon, qu'il devait me rendre pour la correction, mais je ne l'ai plus revu; chaque fois que je le demandais, il me répondit qu'il se chargeait du soin de la correction.

Lagouthe, joueur effréné, passait ses journées et ses soirées au *café de l'Opéra*; il me priait de ne parler à personne, que presque tous ceux qui fréquentaient ce café étaient des mouchards. Aujourd'hui j'ai la conviction que le seul mouchard qui y venait était Lagouthe.

Lorsqu'il devait partir pour Paris, il me dit qu'il était décavé, qu'il avait tout perdu au jeu, qu'il avait même dû engager tous les bijoux de sa femme; il me pria de lui remettre une lettre disant qu'il devait m'avancer mille francs, contre remise du manuscrit, qu'avec cette lettre il obtiendrait de l'argent des parents de sa femme pour faire le voyage de Paris. Je lui remis cette lettre.

Le 6 mai, je lui remis une lettre par laquelle je lui donnais les instructions concernant l'édition de mes ouvrages.

Après qu'il eut reçu cette lettre, il me fit part qu'il n'avait pas encore l'argent nécessaire pour se rendre à Paris, et il me pria de lui donner trois reçus de 15 à 1600 fr., comme s'il m'avait avancé cette somme sur les manuscrits; qu'avec ces pièces il obtiendrait l'argent nécessaire de sa famille. Je lui remis trois reçus de la valeur de 1350 fr., qu'il devait me rendre et qu'il a gardés.

Je dois faire remarquer que tout ce que cet individu m'a dit n'était qu'un tissu de mensonges; j'en parlerai plus longuement dans *Le Triomphe des coquins*.

Enfin, il partit pour Paris le 9 mai; le 10 il me télégraphia qu'il était descendu à l'*Hôtel Richer*.

Il devait me donner tous les jours des nouvelles de ses démarches concernant l'édition des ouvrages; il ne le fit pas.

Je reçus enfin des lettres de lui, prouvant qu'au lieu de s'occuper de faire éditer mes livres, il allait voir les personnages visés, pour les faire chanter. A-t-il réussi? je n'en sais rien.

Par lettres recommandées des 14, 21 et 22 mai j'ai protesté contre cette manière d'agir.

J'étais sur le point d'en référer auprès du procureur de la République, mais à quoi bon? Avec *l'aztèque Barthou* à l'Intérieur, et *Darlan*, le protecteur des cambrioleurs à la Justice, les Lagouthe ne sont pas inquiétés.

Après avoir attendu deux mois, fatigué d'attendre, voyant que l'individu ne s'occupait que d'une chose, — faire chanter ceux que je voulais démasquer, — je lui ai redemandé mon manuscrit ; alors, profitant de la confiance aveugle que j'ai eue en lui, en lui souscrivant les reçus fictifs, ce fripon m'a écrit qu'il me renverrait le manuscrit si je lui remboursais l'argent qu'il m'avait avancé.

C'est donc grâce aux agissements de Lagouthe que *Une infamie judiciaire* ne paraît qu'aujourd'hui.

L'affaire Dreyfus.

Je sais bien qu'en défendant le prisonnier de l'*Ile du Diable*, je me fais du tort et, que j'empire encore ma situation; l'avocat M⁰ Nicolas Hornbostel me l'a écrit le 23 février et je reproduis sa lettre plus loin.

Mais mon habitude est de dire ce que je pense, même le couteau sur la gorge, et ainsi que je l'ai déjà dit dans l'*Alliance Nationale* lorsque le *Petit Sucrier* m'a fait offrir de l'argent pour cesser ma campagne contre lui : « Ma plume n'est pas à vendre ».

Ceux de mes confrères qui m'ont jeté la pierre ne pourraient pas tous en dire autant.

Voici la lettre de l'avocat parisien que j'ai reçue le 23 février 1897 :

« 10, Avenue de l'Alma.

« Cher monsieur Strauss,

« J'ai déclaré au baron de Villas (G. Belz) que vous désirez avoir l'*Alliance Nationale*.

« Il doit se mettre en rapport avec vous, — il vous les procurera. — Son adresse est: 14, rue de Meudon, à *Billancourt*, où il dirige un hôpital de... chiens. Il se souvient que vous lui avez fait gagner de l'argent et regrette de ne le pouvoir encore.

« L'énigme que je vous présente consiste en ma paresse

à écrire, voilà tout. Ne m'en veuillez pas, sauf dans les circonstances urgentes.

« *Vous me parlez de Dreyfus.*

« Dreyfus est coupable, n'en doutez pas, — personne n'en doute ici, — vous êtes le seul, n'ayant pas suivi les débats, vu votre impossibilité momentanée.

« Si quelque chose du traître retombe sur sa race, — ce n'est pas parce que Dreyfus est israélite — Châtelain, le sergent, ne l'était pas, — c'est uniquement parce que quelques-uns des siens veulent à tout prix le faire passer pour innocent, ce qui ne peut pas être.

« La presse n'a pas eu beaucoup d'influence sur son cas. Si on croyait à cette influence, — il est des moyens dont on userait, — Lafond n'est pas là pour des prunes.

« En le défendant, vous ne pouvez que vous compromettre — et empêcher la réhabilitation morale qui viendra tôt ou tard pour vous comme pour Cauvin ou la réhabilitation d'Amiens.

« Vos ennemis les plus graves se trouvent non parmi vos adversaires, mais parmi vos anciens amis.

« C'est le proverbe : Que Dieu me garde de mes amis, je me garderai de mes ennemis.

« Regardez quels sont ceux qui vous ont poursuivi — Winter — Crémieux — le baron Heftler, — le titre de baron est aujourd'hui dans le domaine public, — et Widerschall.

« Et ceux à qui vous avez fait du bien, ceux à qui vous avez donné du pain.

« L'espèce humaine est ainsi faite ; on ne pardonne pas un bienfait.

« Je suis franc avec vous et vous dis ma façon de penser. Vous avez certaines idées qui parmi vos coreligionnaires vous faisaient considérer comme un prophète — comme un

David voulant régénérer son peuple, — mais le roi Saül était là et il n'a pas permis qu'une personne s'élevât à côté de la sienne. Aussi vous a-t-on jeté en pâture à vos ennemis.

« La *Libre Parole*, Andrieux et les antisémites — qui, au lieu de se venger en vous défendant, ont tourné le pouce.

« Je vous serre la main,

« Votre dévoué

(signé) N. Hornbostel ».

Il se peut qu'en France la masse croie à la culpabilité du malheureux capitaine, mais que Mᵉ Hornbostel fasse un voyage à travers la Belgique, la Hollande, la Suisse, l'Alsace-Lorraine, le restant de l'Allemagne et auprès de nos *« bons amis les Russes »*, et il verra que l'opinion publique dans ces pays est en faveur de Dreyfus et que le prestige des conseils de guerre français a subi un fameux raccroc depuis cette affaire.

La presse n'a pas eu beaucoup d'influence sur le cas du capitaine? Allons donc! La presse est une puissance en France et les juges croient que ce qu'elle écrit est l'écho de l'opinion publique, tandis que le public lui-même se laisse aveuglément guider par la presse.

Certes le capitaine Dreyfus n'est pas du tout intéressant ; lui, israélite, était plus antisémite que cette *fripouille* qui a nom de *Drumont*, et c'est pourtant la presse antisémite qui a le plus contribué à la condamnation du capitaine, et plus tard, cette même presse n'a cessé de demander des mesures exceptionnelles contre lui.

Je crois que le correspondant parisien de la *Gazette de Francfort*, M. *Goldmann*, exagère un peu, lorsqu'il parle des mauvais traitements subis par le capitaine à l'*Ile du Diable*, et pourtant tout cela est possible, car le peuple français qui se targue d'être généreux et de marcher à la tête de la civilisation est certes, avec la Russie, le peuple le plus barbare qui existe.

La presse, pour se débarrasser d'un ennemi, est capable de l'envoyer à l'échafaud.

Durant la Commune l'on dénonçait ses ennemis et des milliers furent fusillés innocemment.

M. Hornbostel m'a écrit qu'il avait eu la conviction au Ministère que si cela eût été possible, l'on m'eût jeté dans des oubliettes ou traité comme le Masque de fer.

Le Français est souvent féroce, et vraiment je trouve que c'est un comble d'envoyer se faire tuer en Afrique les petits pioupious, soi-disant pour civiliser les noirs; il serait plus logique que les nègres vinssent nous civiliser.

Chez eux ils ne connaissent ni affaire Dreyfus, ni Panama, ils n'ont pas des magistrats prévaricateurs et une ignoble police comme celle de Paris.

Et quels moyens emploient-ils, les Français, pour civiliser l'Afrique? Trois: *la poudre*, *l'alcool* et la *mort*. Et c'est là le pays qui prétend marcher à la tête de la civilisation?

Mais revenons à l'affaire Dreyfus, d'autant plus que toutes les autres questions seront traitées à fond dans mon ouvrage *Le Triomphe des coquins*.

Dreyfus est innocent, ce n'est pas un traître je le répète, personne à l'étranger n'y croit. Dreyfus est riche, il n'a pas même retiré son héritage après la mort de son père et ce capital est resté dans l'exploitation de la fabrique de Mulhouse, dirigée par son frère Léon.

Dreyfus n'avait pas de maîtresses, n'était pas joueur, ne gaspillait pas son argent; c'était un homme intelligent, un des officiers les plus distingués de l'état-major, il a une femme charmante, riche, qu'il aime, il a des enfants qu'il adore; pourquoi aurait-il commis le crime pour lequel il a été condamné?

Je comprendrais qu'un officier criblé de dettes, tracassé par ses créanciers, perde sa tête dans un moment de folie, et se laisse entraîner à commettre un acte aussi méprisable.

Dreyfus était antisémite, je l'ai déjà dit, et avec cela il était hautain, ambitieux, tâchant de supplanter ses camarades; de là une haine implacable de ceux-ci qui furent tous ses ennemis.

Morès, *le fameux capitaine Fracasse*, l'ancien tripier de Chicago, celui qui prétendait qu'il fallait faire disparaître les juifs de l'armée, a profité de cette animosité contre Dreyfus; il a trouvé un officier assez coquin pour imiter l'écriture du malheureux capitaine afin de le perdre, et il a réussi.

Oui, comme Mᵉ Hornbostel le dit fort bien : j'étais dans l'impossibilité de suivre les débats, sinon la vérité eût été connue et j'aurais déjoué cette infamie, comme j'en avais déjà déjoué bien d'autres.

Nos experts en écriture en France sont jugés depuis long-temps et l'affaire Dreyfus a confirmé ce jugement.

Par contre, New-York possède l'expert le plus distingué du monde entier, M. Carvalho, et celui-ci a déclaré que les pièces produites sont fausses, que l'écriture est contrefaite.

Dans la *Tribune de Genève* ont paru deux articles que je reproduis :

Confédération suisse.

Nᵒ du 16 avril 1897.

Une grave erreur judiciaire ou un innocent à réhabiliter.

« Les massacres d'Arménie, la question de la Crète et de la Grèce, d'autres affaires importantes ont accaparé, ces derniers temps, les esprits ou les accaparent encore.

« On ne m'en permettra pas moins d'attirer l'attention du

public sur un fait qui, à vrai dire, ne nous regarde, nous autres Suisses, qu'indirectement, mais qui n'en est pas moins de haute gravité: j'entends cette condamnation que le correspondant parisien du *New-York Herald*, dans un article reproduit naguère ici même, appelait « l'une des plus terribles erreurs judiciaires des temps modernes. »

« Et certes ce correspondant disait vrai!

« Voici passé deux ans, on le sait, que le capitaine Dreyfus, accusé de trahison, fut, en suite d'une enquête de laquelle, disait-on, sa culpabilité ressortait indiscutable, arrêté, condamné, dégradé, déporté à Cayenne.

« Toutefois, un certain nombre de personnes n'en étaient pas moins restées convaincues de son innocence et travaillent en sa faveur.

« Il y a quelques mois que parut une brochure intitulée: *Une erreur judiciaire ou la vérité sur l'affaire Dreyfus*, par Bernard Lazare, brochure dont je ne puis que conseiller la lecture à toutes les personnes qui désireraient être éclairées sur cette triste affaire. Impossible de lire cet opuscule sans se dire que la « revision du procès Dreyfus s'impose ».

« Il existe un traître, ceci ne fait pas de doute, puisqu'il existe un document, un « bordereau » prouvant avec évidence sa culpabilité. Toute la question est de savoir si « réellement » Dreyfus est l'auteur de ce bordereau incriminé. L'acte d'accusation dit « oui ». La brochure Bernard Lazare semble prouver le contraire, haut la main. Où se trouve la vérité?

« En dernière analyse, tout roule sur le fait de savoir si ledit bordereau est « oui » ou « non » de l'écriture du capitaine Dreyfus. Sur cinq experts en écriture, — non graphologues, si j'ai bien lu, — consultés, trois se sont prononcés pour l'affirmative, deux pour la négative.

« Le capitaine n'en fut pas moins condamné.

« La brochure dont je viens de parler nous donne sur ce

fait de très intéressants et étonnants détails et qui n'ont nullement été contrôlés, que je sache.

« Des amis du capitaine, ayant appris que je m'occupe de graphologie, se sont dernièrement adressés à moi pour me consulter sur le point en question et en conséquence m'adressèrent avec un décalque du fameux « bordereau » de nombreux spécimens de l'écriture authentique de Dreyfus.

« J'avoue que, ne m'étant pas jusqu'ici autrement occupé du cas du capitaine D..., je croyais, avec le gros public, à sa culpabilité et m'attendais donc à trouver dans les documents que l'on me faisait parvenir la contre-preuve écrasante de sa culpabilité.

« Or, grande fut ma surprise, pour ne pas dire ma stupéfaction, lorsque je dus constater que plus j'examinais scrupuleusement, minutieusement, les diverses pièces à conviction, plus aussi l'innocence du capitaine s'imposait à moi. Bientôt même « ma certitude devint absolue » : le capitaine D... est aussi peu traître que vous et moi ! Le caractère moral qui se dégage des traits de son écriture en fait foi à lui seul déjà.

« J'informai les amis de Dreyfus du résultat auquel j'étais arrivé. Ils me prièrent alors de rédiger un « rapport » détaillé, qu'au besoin l'on pût livrer à la publicité. J'y consentis, tout heureux si par là je pouvais peut-être contribuer pour une petite part à faire la lumière sur cette mystérieuse affaire.

« En terminant mon « rapport », j'ajoutai que, grâce à de certains signes graphiques, on pourrait même, — si on le voulait, — sans crainte d'erreur, arriver à découvrir le « vrai traître ».

« Et si je n'ai pas craint de m'avancer de la sorte, c'est que ces derniers temps, en plus d'une expertise graphologique juridique, j'ai pu me convaincre que « dans bien des cas », grâce à la graphologie, on pouvait de la manière la plus heureuse innocenter les prévenus et découvrir les vrais coupables. Or, dans le cas qui nous occupe, certaines particularités de l'écriture rendent le problème à résoudre bien plus aisé que ce n'est souvent le cas.

« L'union, dit-on, fait la force. Il est à désirer que l'on demande à des graphologues de divers pays leur verdict. Je ne doute pas que, leur conclusion ne concorde avec la mienne.

« Quand il s'agit de la perte de l'honneur et du bonheur des individus et des familles, on ne saurait avoir recours à trop de garanties.

« A mon sens, je le répète, l'innocence du capitaine Dreyfus est donc *manifeste*.

« Mais qui nous dira l'agonie de ce malheureux, qui, ne cessant de protester de son innocence, ne s'en est pas moins vu arrêté, condamné, ignominieusement dégradé, déporté à Cayenne !...

« Les lecteurs de la *Tribune* qui ont lu mes articles sur la question agraire savent que l'on ne peut guère m'accuser de partialité en faveur de la nation juive. Si donc aujourd'hui je me prononce aussi catégoriquement, je ne le fais certes pas à la légère.

« Tous les gens de cœur doivent faire des vœux pour qu'il se crée en France un puissant mouvement d'opinion publique, réclamant impérieusement que « justice se fasse », quelque difficile à obtenir que soit d'ailleurs la revision d'un jugement militaire, surtout du genre de celui qui nous occupe.

« Certains indices, du reste, sembleraient nous dire que ce mouvement a commencé et que même des gens haut placés paraissent intervenir en faveur du malheureux capitaine Dreyfus... et de sa réhabilitation.

« A. DE ROUGEMONT. »

Confédération suisse.

Genève, le 25 Avril 1897.

Encore un mot sur le cas du capitaine Dreyfus.

Il y a huit jours, je cherchais à attirer l'attention du public sur le sort de cet infortuné soldat. Plusieurs lettres que je viens de recevoir de France et de Suisse me prouvent que je ne l'ai pas fait en vain.

Mais dès lors, — preuve éclatante de l'impuissance des six grandes puissances, — la guerre gréco-turque a éclaté! Tous les esprits en sont émus. Quand le sort de nations entières est en jeu, l'intérêt que l'on peut porter à un pauvre malheureux, quelque injustement qu'il soit condamné d'ailleurs, en pâtit forcément; les circonstances du moment sont contre lui.

Je crois cependant intéresser bon nombre de lecteurs de la *Tribune* en leur communiquant quelques fragments d'une lettre que m'écrit un des amis du capitaine, en réponse à l'envoi que je lui avais fait de mon article de dimanche passé.

Voici ce qu'il m'écrit:

« Puisse votre exemple pousser les gens de cœur, qui pensent comme nous, mais qui n'ont pas jusqu'ici osé agir, à prendre en mains la cause de mon malheureux ami, dont la condamnation monstrueuse et inique n'a été obtenue que grâce à des procédés renouvelés de l'Inquisition.

« . . . Vous parlez de son agonie que cette cérémonie de la dégradation militaire qu'il subit sur l'emplacement même où il vécut dix ans, heureux et respecté, car il fit presque tout son service à Paris, à l'École militaire et à l'école de guerre.

« Quelles purent être ses pensées lorsqu'en lui arrachant ses galons, en brisant son sabre, on lui arrachait son honneur, son honneur de soldat qui était la chose la plus chère qu'il eût au monde, et qu'ainsi ignominieusement dépouillé, il fut promené, entouré d'un peloton de soldats, devant le front des troupes, devant ceux qui furent ses camarades, devant cette foule curieuse et hostile... oui, quelles purent être ses pensées pendant ce long et douloureux calvaire? C'est un secret entre Dieu et lui.

«... Et il eut la force, tout le temps que dura ce supplice, de crier «Je suis innocent!» Et comme une dernière et suprême protestation il jeta le cri de «Vive la France!»

«S'il ne se brûla pas la cervelle après la condamnation, ce fut grâce à Mᵉ Demange (son avocat), à sa femme, au commandant du *Cherche-Midi* ...

« Mais ce ne fut pas sans de douloureuses et pénibles luttes, vous le comprenez sans peine ... Nous fûmes obligés de lui dire que, lui mort, notre zèle serait moins actif, moins agissant et que, dans l'intérêt même de cette lutte pour l'honneur, pour l'honneur de ses enfants, il fallait qu'il fût vivant ... Puis, suprême et dernier argument, il lui fut dit que son suicide serait un aveu de culpabilité.

— « Le traître s'est fait justice,» — dira-t-on. Il se décida alors à tout subir ... Mais passons, ce lugubre passé fait tressaillir de douleur tout mon être ... »

«Ces passages — tout vibrants d'une saine indignation — j'ai tenu à les mettre sous les yeux des lecteurs de la *Tribune*. Est-il possible de supposer qu'un lâche, un «traître» ait pu pareillement donner le change et inspirer à ses amis, à ceux qui le connaissent le mieux, une conviction aussi entière de son innocence?

« Et ceci ne vient-il pas encore à l'appui du verdict de la graphologie qui, nous l'avons vu, proclame bien haut que jamais la main du « traître » qui a tracé le bordereau incriminé n'a été celle du capitaine Dreyfus.

« Et si maintenant l'on me dit: « Mais alors comment le tribunal de guerre a-t-il pu condamner un innocent à une peine infamante », je réponds: Lisez la brochure « Bernard Lazare » et vous aurez la clé de l'énigme. Vous verrez comme quoi un pauvre D majuscule, envisagé par le tribunal comme synonyme du mot Dreyfus, a été le principal auteur de ce grand mal.

« 23 avril 1897.

« A. DE ROUGEMONT.

« P. S. — En réponse à des questions qui m'ont été faites par diverses personnes, je tiens encore à dire que le bordereau incriminé est sans signature quelconque. »

Heureusement, rien ne reste impuni. — Morès, qui a ourdi cette trame, a été assassiné sur une terre étrangère, son cadavre a été dévoré par les bêtes fauves et l'on n'a pu transporter en France qu'une hideuse charogne.

Le faussaire qui a servi d'instrument trouvera tôt ou tard son châtiment, comme j'ai eu la satisfaction moi, de voir le petit Max mourir ruiné dans un hôpital militaire ; Heftler condamné à deux ans de prison ; et, comme j'espère un jour voir partir le nommé Winter, natif de Cologne, pour la Nouvelle-Calédonie.

Lorsque l'*Agence Havas* a produit la note disant : que Dreyfus avait livré des pièces à un gouvernement étranger, le comte de Münster, ambassadeur d'Allemagne, s'est rendu auprès du président de la République, M. Casimir-Périer, pour lui dire que ce gouvernement n'était dans tous les cas pas l'Allemagne.

En même temps la *Norddeutsche Allgemeine Zeitung* publiait une note officieuse, émanant du gouvernement allemand, pour démentir les allégations fausses de la presse parisienne.

La police, l'ignoble police parisienne, avait fait un faux rapport sur la vie privée du capitaine; rien d'étonnant à cela, cette même police avait versé dans mon dossier un rapport disant entre autres: que j'étais en communication suivie avec le comte de Münster, que je fréquentais l'ambassade d'Allemagne, que j'organisais des réunions d'Allemands à la Taverne Georges, que je recevais des lettres poste-restante d'Allemagne.

Je n'ai jamais vu le comte de Münster ; je n'ai jamais mis les pieds à l'ambassade d'Allemagne, où je ne connaissais personne ; je ne fréquentais pas plus la Taverne Georges que d'autres Tavernes ; je recevais toutes mes lettres chez moi et ne correspondais même pas avec l'Allemagne.

Fiez-vous donc à la justice ou aux administrations françaises !

Au XVIe siècle le magistrat intègre Achille Harlay disait : *Si l'on m'accusait d'avoir enlevé les tours de Notre-Dame*, je commencerais par me mettre en sûreté. — Nous sommes à la fin du XIXe siècle, rien n'a changé. Il y a un siècle, l'on fit sortir du bagne Vidocq, le plus grand malfaiteur de ce temps, pour en faire un chef de police ; de nos jours Andrieux a été préfet de police, — ce qui prouve qu'en tout, l'on reste stationnaire en France.

Avant d'en venir à l'affaire proprement dite du capitaine Dreyfus, j'ai encore des remarques à faire.

Je le répète, le capitaine Dreyfus n'est pas un traître, c'est la victime d'une trame infâme ourdie contre lui. Mais supposons pour un instant que Dreyfus ait trahi sa patrie, pourquoi en rendre responsable le judaïsme en général ?

Pourquoi maltraiter encore plus, qu'avant cette malheureuse affaire, les juifs servant dans l'armée?

Ceci prouve à l'évidence que la France est en décadence, que le peuple est ramolli, et que ce pays tombe au niveau de l'Espagne. C'est probablement aussi pour cela que la France, qui se targue de marcher à la tête de la civilisation, a introduit chez elle les courses aux taureaux !

Je le répète, pourquoi rendre responsables tous les juifs de la faute d'un des leurs? Pourquoi, en parlant du capitaine, dire : le juif Dreyfus? Lorsque le sergent Châtelain a été condamné, l'on n'a dit ni écrit : le traître *catholique Châtelain*, et l'on n'a pas rendu tous les catholiques responsables de son crime. L'on n'a de même pas rendu les catholiques responsables des actes de Troppmann, de l'élève des jésuites Gamahut, de Ravachol, — crimes et forfaits inconnus chez les sémites.

J'ai toujours écrit ce que je pensais ; je continuerai à le faire, et personne ne me fera taire.

Eh bien ! je déclare franchement et hautement que c'est grâce aux juifs et aux protestants habitant la France que ce pays existe encore comme grande puissance. Ce sont eux qui soutiennent encore un peu l'industrie et le commerce. Sans eux, la France serait entre les mains des jésuites et plus bas que l'Espagne.

Il y a environ 20 ans, j'ai dit dans le *Moniteur des Consulats* des vérités dures aux Français, je leur ai donné des conseils, prédisant que, s'ils ne les suivaient pas, le commerce et l'industrie en France seraient battus par l'Allemagne et la Belgique. Le *Journal Commercial d'Anvers* de cette époque, dans un grand article, disait : M. Strauss est compétent, — et nous signalons ses articles au gouvernement belge, afin de prendre des mesures. Car si les Français suivent les conseils de Strauss, c'en est fait du port d'Anvers.

L'on n'a pas suivi mes conseils, l'on m'a traité de vendu, d'anti-patriote, et aujourd'hui l'on a la conviction que j'avais raison, et cependant que la France reste stationnaire, les plus petits pays marchent avec le progrès.

Si la France ne possédait cette race intelligente et active de juifs, elle ne serait plus qu'un vaste pays où ne fleurirait que la débauche.

Un homme qui a joué un rôle louche dans l'affaire Dreyfus, c'est le commandant Sandherr, antisémite *de primo cartello*, et qui vient de mourir. Il paraît qu'au moment où il allait rendre sa vilaine âme à Satan, pris de remords, il a déclaré que Dreyfus était innocent, et, qu'il a été victime d'une machination infernale.

Je le répète encore une fois, c'est Morès, qui était l'âme damnée de cette monstrueuse machination; le document sur lequel les experts en écriture n'étaient même pas d'accord est l'œuvre d'un faussaire; la lettre produite au dernier moment par *cet imbécile de Mercier*, qui faisait fonctions de *ministre de la guerre*, cette lettre qui a entraîné la condamnation est l'œuvre d'un faussaire, et ceci est si vrai que le ministre de la guerre l'a produite aux membres du conseil, à l'insu de *M° Demange* et du capitaine au moment même ou le capitaine allait être acquitté.

Dreyfus l'ignorait. Si la pièce eût passé sous ses yeux, peut-être eût-il pu faire comprendre à ses juges qu'elle était l'œuvre d'un faussaire. M° Demange, qui doutait que cette pièce avait été produite par le général Mercier au conseil, qui ne pouvait croire à un pareil déni de justice, a déclaré lui-même que ce serait une violation flagrante des droits de la défense et s'est étonné que cet acte inqualifiable que *Bernard Lazare* avait dénoncé dans sa brochure n'avait pas produit un soulèvement de l'opinion publique, ajoutant qu'il vaudrait alors mieux supprimer la défense même devant la justice criminelle.

M⁰ Hornbostel, dans sa lettre du 23 février, dit que personne à Paris ne doute de la culpabilité du capitaine.

Eh bien! celui qui peut le mieux juger cette cause, celui qui s'en est occupé — M⁰ Demange — est persuadé que le capitaine n'est point coupable, qu'il est innocent et que c'est un martyr.

Je ne prétends nullement que le général Mercier ait agi en coquin, mais il a montré qu'il est un fier imbécile qui s'est, tout bêtement, laissé monter le cou.

Je me rappelle avoir lu durant ma détention un article, je ne me rappelle au juste, si c'est dans *l'Intransigeant* ou dans le *torchon à Drumont*, mais si ma mémoire est fidèle, c'est dans cette dernière feuille, et si je ne me trompe, la prose était signée par le mignon *Boisandré*. Cet article disait: que Dreyfus était coupable, sinon on devrait supposer que le conseil de guerre était composé de coquins.

Mon Dieu! il ne serait pas difficile de rassembler un certain nombre d'officiers coquins dans l'armée française, et je vais en donner la preuve.

Vers l'époque de l'Exposition de Chicago, je me trouvais dans le cabinet de M. Favette au Ministère du commerce, avec M. le major B..., de Washington, qui avait pour mission en Europe de visiter les centres industriels qui devaient prendre part à l'Exposition de Chicago. Le major ne parlant que l'Anglais, j'acceptais de l'accompagner pour le présenter aux présidents des chambres de commerce et aux principaux fabricants.

Arrivés au Havre, nous fûmes invités par M. Williams, l'honorable consul des États-Unis, à faire une excursion à Caen pour y visiter les haras d'étalons. Nous acceptâmes l'aimable invitation et visitâmes les principaux éleveurs ; là j'appris que lorsque les officiers achetaient des étalons, ils exigeaient des commissions variant de 20 à 25 %, et l'éleveur était obligé de surcharger les reçus du montant de ces pots-de-vin.

Voyons, ces officiers ne sont-ils pas des coquins?

Pauvre France, dans quelles mains est-elle tombée depuis qu'elle est en République !

Mais je suis persuadé, j'admets, que le conseil de guerre qui a jugé le capitaine Dreyfus était composé d'honnêtes officiers; personne pourtant ne me contestera qu'un conseil de guerre ne peut se tromper tout autant qu'un autre tribunal, qu'il peut, par conséquent, commettre une erreur, se laisser influencer par les articles des journaux et par des coquins haut placés ou intrigants qui à tout prix veulent perdre un homme afin d'arriver à évincer les Israélites du corps des officiers de l'armée.

Ici, de nouveau, avant de continuer à parler du capitaine Dreyfus, je me vois obligé de m'occuper de la situation des Israélites dans quelques pays de l'Europe.

Le 7 octobre 1893, j'ai eu l'honneur d'adresser à *Sa Majesté Alexandre III, empereur de Russie, la supplique suivante, en faveur des Juifs,* cette lettre a été reproduite dans *l'Alliance Nationale:*

« Sire,

« Si je prends la respectueuse liberté d'adresser la présente supplique à Votre Majesté, c'est que je ne suis pas tout à fait un inconnu pour Elle.

« Lors du couronnement de Votre Majesté, j'ai composé la Marche du Sacre, dont elle a daigné accepter la dédicace. M. le comte Woronzow Dashkow, ministre du Palais, a bien voulu me remercier au nom de Votre Majesté et M. le général comte de Richter m'informer que ma Marche avait été jouée avec grand succès pendant la cérémonie du Sacre à Moscou.

« Aujourd'hui, le juif qui a composé la Marche triomphale pour la fête du couronnement de l'empereur de Russie n'a qu'un seul désir, c'est que la requête qu'il adresse actuellement à Votre Majesté obtienne auprès d'Elle le même succès que sa musique en 1883.

« A la véille de l'imposante manifestation qui sera pour la France et la Russie un gage de paix et de prospérité durables, à l'occasion de ces fêtes solennelles de la réception de l'escadre russe en France, qui seront la consécration éclatante des sentiments de sympathie dont Votre Majesté daigne honorer notre pays, ma voix ose encore s'élever pour présenter à Votre Majesté la défense de mes coreligionnaires, ses malheureux sujets.

« Je suis persuadé que les Israélites de Russie ne peuvent être comparés comme instruction ni comme éducation à ceux de France, qu'ils font caste à part et se livrent à des négoces peu avouables ; je vois journellement à Paris de ces malheureux expulsés, qui semblent complètement fourvoyés dans notre civilisation.

« Néanmoins je persiste à croire que mes coreligionnaires russes sont de tous points dignes de la bienveillante sollicitude de Votre Majesté et que, s'il lui plaisait de rendre un ukase assimilant les juifs aux autres habitants de la Russie, les mêmes résultats satisfaisants que l'on obtient en France depuis la promulgation du décret de 1789 s'obtiendraient également en Russie.

« Que le Tout-Puissant daigne éclairer Votre Majesté et lui fasse comprendre ce que le pays qu'Elle gouverne avec tant de grandeur et de gloire gagnerait à cette émancipation des Israélites.

« Que Votre Majesté daigne jeter un regard attentif sur les

pays où les sectateurs du judaïsme jouissent des mêmes droits et sont astreints aux mêmes devoirs que les chrétiens, Elle verra que la France, l'Angleterre, les États-Unis de l'Amérique du Nord, la Belgique, la Hollande ne doivent leur essor commercial prodigieux qu'au concours des bonnes volontés israélites qui contribuent avec un zèle et une activité admirables à la prospérité nationale.

« Il n'est pas non plus de meilleurs patriotes que les Israélites, et en France surtout, où depuis plus de cent ans ils jouissent de libertés et d'immunités égales à celles des autres citoyens, nos coreligionnaires, dans les veines desquelles coule encore le sang généreux des Macchabées, ont donné à leur patrie le plus pur de leur sang et n'ont pas marchandé de leurs vies chaque fois que le sol sacré du pays était menacé par l'étranger.

« Je le dis sincèrement à Votre Majesté, il ne convient pas à notre dignité d'Israélites français de célébrer avec enthousiasme la venue de l'escadre russe en France, alors que des milliers de nos frères sont massacrés ou expulsés de la Russie. Si mon cœur de Français est pénétré de joie au spectacle des heureux présages que fait naître pour notre patrie l'alliance de l'Empire du Tsar avec la République française, en revanche l'idée que des malheureux innocents sont persécutés pour leur foi me plonge dans une profonde tristesse et, — je crois que Votre Majesté l'appréciera ainsi, — je ne conçois pas que des Israélites aient à ce point perdu le sens moral que d'avoir osé accepter les fonctions d'organisateurs des fêtes franco-russes.

« J'ai la conviction que si les catholiques étaient en butte aux mêmes persécutions, les évêques et archevêques de France ne montreraient pas une joie aussi débordante à l'arrivée des persécuteurs de leurs frères.

« L'Israélite, — que la haute intelligence de Votre Majesté

daigne bien s'en pénétrer, — n'est pas un monstre, comme le prétendent les antisémites, toujours occupé à anéantir un pays par l'usure et les gains frauduleux. Au contraire, partout où on lui assure une existence tranquille et libre, il tient à honneur de répondre par des efforts incessants à se perfectionner aux lois bienveillantes du pays qui l'accueille en homme et en frère.

« Le commerce, dans lequel il excelle encore aujourd'hui, n'est pas la seule carrière où il puisse exercer ses aptitudes ; il est susceptible de devenir un savant de premier ordre, un industriel hors ligne, un magistrat perspicace et intègre, un habile stratégiste, un ouvrier honnête et laborieux ; en un mot il ne le cède en rien comme bonne volonté et intelligence aux fidèles des autres cultes.

« Cet instant solennel où va s'opérer la conjonction providentielle des deux grands peuples de l'Europe est propice à l'œuvre de justice que je prie Votre Majesté Impériale de couronner, en signant un ukase émancipant les Israélites de Russie.

« Ce faisant, Votre Majesté ajoutera un fleuron de plus à sa couronne et son nom sera, dans l'Histoire, inscrit au-dessus même de celui de Pierre le Grand, au rang des souverains immortels qui ont ébloui la terre de l'éclat de leur gloire et édifié les peuples par l'exemple de leurs éminentes vertus.

« Avec l'espoir d'obtenir justice pour mes pauvres coreligionnaires, je prie Votre Majesté de recevoir l'assurance de ma plus haute considération.

« HENRI STRAUSS. »

Il est bien évident, et on ne peut le nier, c'est l'Allemagne qui marche aujourd'hui à la tête de la civilisation européenne.

Par leur ténacité, leur activité, les Allemands sont arrivé au premier rang pour le commerce et l'industrie.

Partout, dans toutes les administrations : chemins de fer, télégraphes, postes, règne un ordre exemplaire que la France ignore. Les villes s'agrandissent et s'embellissent: elles font l'étonnement et l'admiration de tous les étrangers; les gares sont belles, spacieuses, propres, tandis qu'en France elles sont dégoûtantes.

Sa Majesté l'empereur des Allemands, malgré sa jeunesse, a donné déjà des preuves éclatantes de son énergie et de son intelligence.

Le corps des officiers est certes le plus distingué de l'Europe; il vient d'en donner encore une preuve en rendant valide *l'Homme malade*. Ce moribond, grâce à l'Allemagne, est redevenu si valide que ses voisins doivent compter avec lui. L'armée allemande est la plus belle du monde et, malgré tout cela, sur *un seul point*, les Allemands sont en arrière de plusieurs siècles en regard de l'Angleterre, la France, les États-Unis de l'Amérique, la Belgique et la Hollande.

L'Israélite en Allemagne ne peut devenir ministre, il ne peut devenir Kreisdirektor, ou Regierungs-Præsident; il ne peut même pas passer officier dans l'armée.

Est-ce croyable dans un pays aussi éclairé que l'est l'Allemagne d'aujourd'hui?

Pourtant c'est grâce à l'activité, à l'honnêteté des Juifs allemands que le pays s'enrichit.

Que l'on ne vienne plus nous chanter que le Juif n'excelle que dans la finance. Ceci peut encore être le cas pour Francfort, berceau des Rothschild, ville qui a fourni des financiers sémites non seulement à Berlin et à Hambourg, mais aussi à Paris et à Londres.

Dans tous les autres grands centres de l'Allemagne les Juifs sont d'honnêtes négociants, de grands fabricants, des savants hors ligne, de bons ouvriers, et partout ce sont eux qui, par leur activité, par leur honnêteté contribuent largement à faire de l'Allemagne le premier pays commercial et industriel du monde. A Berlin, il y a la Maison Gebrüder Simon, honorée dans l'univers entier, qui est à la tête des affaires de tissus en Allemagne.

Je n'ai encore bien étudié jusqu'ici que l'Alsace.

A *Mulhouse*, ce sont: les Wallach, les Dreyfus (frères du malheureux capitaine), les fils de Paul Picard, les Bernheim-Dreyfus & Cie, les J. et D. Meyer, les C. Bernheim & fils, les J. Bernheim, les Eug. Bernheim, les Gentsburger, Leopold Bernheim, les Lantz frères, les Jules Bloch, les Ullmann-Mayer, les Valentin Bloch, les Lippmann-Bloch, les Jules Schwob, les Hauser, les Cahn-Lévy et tant d'autrés Juifs, jouissant de la considération de tous à cause de leur activité, de leur probité qui ont enrichi le pays ; ils ne sont pas financiers, ce sont tous d'éminents fabricants ou commercants.

A *Colmar,* ce sont les Gensbourger frères, les Marx Strauss, les Bernheim & Cie, les Bernard et Wolf, les Henri Zivy, les Gerson-Sée, les Abraham Sée, etc., etc.

A *Sainte-Marie-aux-Mines*, les Georges Wormser, les Simon et Cie, les Zivy et Ries, les J. Lang, les Louis Lang, les Gimpel, etc.

Ceci suffit, car si je voulais continuer avec Strasbourg, Haguenau, Phalsbourg, Metz, etc., je n'en finirais pas.

Les juifs en Allemagne se sont assimilés aux chrétiens, ils sont distingués et instruits ; pourquoi faire une exception pour eux?

Le général Loizillon, ancien ministre de la guerre en France, après l'affaire de Saint-Mihiel, m'a déclaré que parmi ses meilleurs officiers il comptait les juifs ; je suis persuadé que ce serait de même en Allemagne.

L'Israélite allemand est aussi instruit, aussi distingué,

aussi brave, aussi bon patriote que qui que ce soit ; il le deviendrait encore plus s'il jouissait des mêmes avantages que les chrétiens. Comme soldat, il paye l'impôt du sang, et lorsque la patrie est en danger, il la défend avec autant de courage que les autres. Pourquoi alors faire une exception ? Pourquoi ne pourrait-il pas fréquenter les écoles militaires, et s'il a les capacités voulues, obtenir les grades les plus élevés comme en France ?

Ses études sont solides, il est savant, l'on trouve parmi les Juifs les meilleurs avocats ; pourquoi ne pourraient-ils pas alors remplir des fonctions dans la Haute magistrature ? Et lorsqu'il en est capable, remplir des hautes fonctions dans les administrations ?

Je suis persuadé que si Sa Majesté l'empereur était instruit de ce qui se passe, Elle changerait tout cela.

Et comme à Alexandre III, je me permets de dire à Sa Majesté : En le faisant, Votre Majesté ajoutera un fleuron de plus à sa couronne, et son nom sera, dans l'Histoire, inscrit au-dessus même de celui de Guillaume Ier, au rang des souverains immortels, qui ont ébloui la terre de l'éclat de leur gloire et édifié les peuples par l'exemple de leurs éminentes vertus.

Et comme je l'ai déjà dit plus haut, l'empereur Guillaume II étant un monarque intelligent et énergique, je suis persuadé que c'est sous son règne que les Juifs finiront par jouir des mêmes privilèges que les protestants et les catholiques. Sa Majesté a trop d'intelligence pour ne pas voir qu'un pays aussi avancé sous tous les rapports que l'Allemagne ne doit pas faire de différence entre ses enfants. Ceci était bon au moyen âge, mais non pas dans le siècle qui a produit les merveilles de la vapeur et de l'électricité.

Revenons au cas du malheureux capitaine Dreyfus.

Les charges les plus graves pesaient sur le capitaine Dreyfus:

1° Que ses relations avec une personne attachée au service du grand état-major allemand avaient été prouvées.

Or il est prouvé que le comte de Münster s'est rendu chez M. Casimir-Périer pour déclarer que c'était faux et qu'une note officieuse a paru dans la *Allgemeine Deutsche Zeitung,* déclarant également que le capitaine n'avait jamais été en rapport avec l'ambassade d'Allemagne.

2° Que sa conduite avait toujours été suspectée.
Ses juges ont reconnu que cette accusation était fausse.

3° Que la vie menée par lui était une vie de jeu et de débauche et qu'il fréquentait des salons interlopes, justifiant les soupçons qu'on avait sur lui.
Ceci émanait d'un rapport de l'ignoble police parisienne et tout le monde à Paris sait ce que l'on doit penser des rapports émanant de cette administration, surtout depuis que Andrieux y a passé.

Il a été d'ailleurs prouvé que la vie privée du capitaine était des plus régulières.

Pour donner une idée au public de ce que vaut la police parisienne, je vais relater le fait suivant:

En 1893, l'on jouait clandestinement dans presque tous les établissements de Paris, l'on y attirait des jeunes gens mineurs qui volaient leurs parents ou leurs patrons pour satisfaire cette dangereuse passion.

J'ouvris une enquête et, après avoir obtenu tous les renseignements nécessaires, j'entrepris une campagne dans mon journal contre ces établissements, mais j'ai dû l'abandonner.

Un jour, un de mes collaborateurs, s'étant rendu 8, rue Saint-Marc, où l'on jouait un jeu d'enfer, fut reconnu par le tenancier de cet établissement, qui lui déclara qu'il se moquait de mes attaques, qu'il partageait son bénéfice avec la police et que, par conséquent, il ne craignait rien.

J'ai eu d'autres renseignements plus abjects encore et que mes lecteurs trouveront dans mon ouvrage intitulé: *Le triomphe des coquins*, qui paraîtra sous peu.

4° Qu'on connaissait le nom de ses complices.

Il y a près de trois ans que le capitaine est condamné, jamais personne n'a été inquiété pour complicité, et pour cause, il n'y avait pas de traître, donc il ne pouvait y avoir des complices.

M. Besson d'Ormescheville a mis à néant les prétendues charges dans l'acte d'accusation.

L'on a produit deux pièces : le bordereau et la fameuse lettre, émanant toutes deux d'un faussaire.

Le bordereau ?

Cette pièce a été soumise à cinq experts. Deux ont déclaré que ce n'était pas Dreyfus qui avait écrit cette pièce; trois ont déclaré qu'elle émanait de Dreyfus.

Donc impossible de condamner sur cette page d'écriture.

La lettre ?

C'était le coup de théâtre ! N'ayant aucune preuve de la culpabilité de Dreyfus, l'acquittement étant certain, Mercier, au dernier moment, a produit cette lettre émanant d'un faussaire. Cette pièce a été remise au conseil de guerre dans la chambre des délibérations, sans qu'elle fût soumise au défenseur ou à l'inculpé. Ni l'un ni l'autre ne l'ont vue, donc pas moyen pour la défense de la discuter, et c'est en face de cette violation flagrante des droits de la défense que l'on a condamné un officier des plus distingués de l'état-major comme traître.

Dans la lettre Hornbostel, il est dit que j'ai été dans l'impossibilité de suivre les débats de cette triste affaire.

Oui, j'ai été dans l'impossibilité, parce que moi-même j'étais alors la victime des coquins, sinon j'aurais empêché cette infamie comme j'en ai empêché tant d'autres. Ce que l'on a fait avec Dreyfus, on a essayé de le faire en 1893 avec Weill; seulement alors je n'étais pas dans l'impossibilité de m'occuper de l'affaire, j'ai fait des démarches, j'ai démasqué la bande Drumont, Morès et Cie.

Tout le monde sait qu'il y a souvent des condamnations d'officiers non juifs pour affaires assez scabreuses, tels que vol, avoir mangé la grenouille, trahison, etc., mais que jamais avant l'affaire Dreyfus, un officier juif n'a été poursuivi; pourtant ils sont nombreux dans l'armée française.

Après l'affaire de Saint-Mihiel, lorsque, après avoir fait infliger un blâme au général de division Bertrand et à ses officiers pour avoir assisté à une conférence du fanfaron Morès, le ministre de la guerre, général Loizillon, m'a déclaré: *que les officiers et soldats juifs sont d'excellents soldats, distingués, intelligents, bons patriotes et font partie de ce qu'il y a de mieux dans l'armée.* L'aztèque de la place Beauveau a la collection complète de l'*Alliance Nationale*, i y trouvera cette déclaration dans un de mes articles du mois d'avril 1893.

Naturellement cela ennuyait la bande Drumont, Morès et Cie, qui voulaient porter un coup fatal aux officiers juifs. Il fallait y arriver à tout prix et ne reculer devant aucun crime, devant aucune infamie.

Ce qui est arrivé à Dreyfus serait arrivé un an plus tôt à Weill, si je n'y avais mis bon ordre.

J'ai publié vers cette époque plusieurs articles à ce sujet et, comme preuve, je reproduis un article paru le 3 mars 1893 dans l'*Alliance Nationale*.

L'Infamie de Saint-Mihiel.

L'armée insultée par Morès.

Les commis voyageurs de l'antisémitisme qui répondent aux noms de Morès et de Guérin viennent de provoquer à Saint-Mihiel des faits d'une gravité telle que j'ai aussitôt demandé une double enquête aux ministères de l'intérieur et de la guerre, d'accord avec toute une partie de la population de cette ville, afin de savoir si oui ou non il sera permis indéfiniment à deux drôles de jeter le trouble et la division dans une honnête population de travailleurs et de déconsidérer l'armée.

D'abord je conteste absolument le droit à la municipalité de Saint-Mihiel d'avoir mis à la disposition d'un fauteur de désordres tel que Morès le théâtre de la ville. Le devoir strict du maire et de ses conseillers municipaux était de rester neutre dans une querelle religieuse que de misérables sectaires venaient transformer à dessein en haine sociale. Du moment que toute une partie de la population est israélite, que cette population paye régulièrement l'impôt et satisfait avec zèle et orgueil aux charges militaires qui incombent à tout citoyen français, il n'est pas admissible que ceux qui ont charge de veiller à la défense de ses droits et de ses intérêts donnent ainsi la main à ses persécuteurs! Je proteste hautement et tous les honnêtes gens seront ici de mon avis.

Mais j'arrive à des faits plus graves.

Le général Bertrand, commandant la division de Saint-Mihiel, assistait à cette réunion de haine et de parti-pris, ainsi que la majeure partie des officiers de la garnison. Ces messieurs étaient en civil, — les distractions n'étant pas nombreuses dans la paisible ville de Saint-Mihiel, — mais pour l'opinion publique leur présence en ce lieu est encore plus blâmable et certainement moins excusable que celle de la municipalité. Morès, qui ne cherche qu'à compromettre à son profit les uns et les autres, a naturellement considéré comme un encouragement à ses infamies la présence d'un général et de ses officiers prenant ostensiblement parti contre les Israélites, et il en a profité pour lancer la pire calomnie qui se puisse imaginer contre un brave soldat de notre armée.

Cette infamie, il l'avait déjà commise récemment à la réunion des Folies-Bergère à Lyon.

Donc Morès a osé accuser l'honorable chef d'escadron de territoriale M. Weill, ancien officier d'ordonnance du général Saussier, d'être un espion. Cela parce que M. Weill est israélite et poussé par la même haine sourde et implacable qui lui fit chercher autrefois querelle au capitaine Crémieu-Foa et au capitaine Mayer.

M. Weill, qui fit brillamment la campagne de 1870, où il gagna ses galons, méprise les injures de l'agent provocateur Morès ; mais alors il appartient au ministre compétent de le venger en rayant le diffamateur des cadres de l'armée d'abord et en le traînant ensuite en police correctionnelle.

Et c'est Morès, justement condamné et privé de ses droits civils pour avoir poussé l'armée à la révolte, qui sait au nom de quels intérêts criminels ? et antifrançais dans tous les cas, qui ose traiter un vaillant officier français d'espion, sans fournir du reste aucune preuve à l'appui de son infamie, c'est lui qui ose vociférer en pleine réunion publique: « Tous les juifs qui sont sous les drapeaux sont des espions. » Et des officiers qui sont là qui ne protestent pas ! et ces mêmes officiers se permettent de crier bravo !

Si quelqu'un est espion dans l'armée française, c'est certainement Morès, qui est d'origine italienne et qui entretient des intelligences à l'étranger avec des princes, des chefs accrédités auprès des puissances ennemies de la France; c'est Morès, dont le beau-père, Hoffmann, est un Allemand gallophobe avéré, dont le beau-frère, M. Stumm, ancien ambassadeur d'Allemagne à Madrid, est l'intime ami de Guillaume II.

La honte et la confusion devraient faire rentrer cet homme sous terre en attendant que la conscience publique, ou mieux, que le gouvernement nous en débarrasse à tout jamais.

Les mêmes clichés, battus et rebattus depuis que certains sinistres déclassés de la politique se sont avisés de battre monnaie sur les dos des Israélites, ont été ensuite développés par le grotesque Guérin. Guérin parle naturellement avec la bonne foi qui le caractérise, d'écraser les ennemis de l'intérieur avant de marcher à la frontière, le jour où la patrie sera en danger. Seulement en fait d'ennemis de la France, il oublie modestement de se nommer, lui et son copain Morès.

*
*   *

Un bon mot qui me revient à propos du procès de Saint-Mihiel.

L'avocat des bouchers diffamés, Me Larcher, accusait les antisémites de vouloir, comme on le sait, quand même manger tous les Juifs.

Ah! non, par exemple, riposte Me de Saint-Auban. C'est trop malsain.

Je tiens à lui répondre : « Non, mon petit Saint-Auban, cette viande n'est pas malsaine, tous les jours vos amis essayent de s'en régaler, seulement le Juif n'est pas homme à se laisser manger.

« Vous autres antisémites, par contre, vous ne risquez pas d'être mangés par les Juifs, et pour cause : c'est que la loi de Moïse défend aux Israélites de manger... les petits compagnons de saint Antoine.

« Croyez-moi, cher avocassier, ne dites plus pareille sottise en public, votre nom d'opérette prêtant déjà suffisamment au ridicule. »

Saint-Auban sur le bi du bout du banc,
Je t'en prie fiche donc ton camp.

Henri Strauss

Donc si je ne m'étais pas occupé de cette affaire en 1893, ce serait Weill qui aurait subi les tortures de Dreyfus, et je le répète, si un misérable coreligionnaire, pour empocher 140,000, francs ne m'eut mis dans l'impossibilité de suivre l'affaire du malheureux capitaine, celui-ci ne serait pas à l'*Ile du Diable*.

Je prie mes lecteurs de patienter, si parfois je m'occupe de moi et d'autres personnes dans ce livre, avant de démontrer l'innocence du capitaine; c'est uniquement pour que le public sache de ce que l'on est capable en France pour perdre un homme.

Il y a quelques jours, je dînais ici, à l'hôtel de France, avec des Français catholiques, de ces Français qui ne se sont pas encore laissés abrutir par leurs gouvernants; ils disaient ce que je dis depuis fort longtemps : *Ce n'est pas Rochefort qui est un danger pour la France, c'est Drumont.*

Pourtant les imbéciles qui gouvernent ce pays laissent agir ce coquin qui, plus d'une fois, a essayé de provoquer à la guerre civile.

En Algérie, elle était plus d'une fois prête à éclater, mais je l'ai toujours empêchée, et certes, si j'avais pu m'occuper de l'affaire de Mostaganem, elle n'eut pas eu lieu.

J'ai peu de mes journaux ici à ma disposition; néanmoins je publie deux articles parus dans l'*Alliance Nationale*, d'autant plus que j'y vise le fameux Andrieux, dont j'aurai encore à m'occuper dans cette brochure.

Article du 7 décembre 1892.

Lettre ouverte

à M. le ministre de l'intérieur.

« Monsieur le ministre,

« J'ai l'honneur de vous adresser cette lettre pour vous informer que je reçois journellement des plaintes de nos coreligionnaires d'Algérie, plaintes qui bien souvent me laissent rêveur, et il y a des moments où je me demande si l'Algérie est bien une colonie française gouvernée par le gouvernement français, ou bien si ce pays est sous la domination des Russes ou des Roumains.

« Voici un fait que je vous prie d'apprécier :

« Il y a quelques années, il a été formé par un groupe de catholiques antisémites une société de gymnastique ayant pour titre le *Club gymnastique*. D'après ses statuts, il a été décidé que tout le monde pourrait en faire partie, quelle que soit sa nationalité, sauf les *Français* appartenant à la *religion juive*.

« Quelque temps après, une seconde société a été formée par un autre groupe sous le nom de la *Patriote*, et *la même* a décidé *l'exclusion des Israélites*.

« Les jeunes gens israélites, qui ne sont pas plus bêtes que leurs concitoyens catholiques, voulant montrer qu'ils ne sont pas plus arriérés qu'eux, et voyant le parti-pris des deux sociétés qui recevaient dans leur sein les étrangers de toute nationalité et qu'elles refusaient l'accès à des Français, par la seule raison qu'ils appartiennent à la religion juive, formèrent aussi une société à laquelle ils ont donné le nom de l'*Avenir algérien*.

« Ici, permettez-moi, Monsieur le ministre, d'accuser la municipalité d'Alger d'une couardise déplacée et qui mérite d'être fortement réprimandée par qui de droit.

« Toutes les sociétés sont subventionnées par la commune d'Alger, sauf *l'Avenir algérien*, parce qu'elle est israélite.

« Pourtant les Israélites sont contribuables de la commune d'Alger au même titre que les catholiques; avec les deniers des premiers on subventionne donc des sociétés composées de gredins antisémites et on n'alloue rien aux sociétés juives.

« Ai-je raison de dire que l'on suppose parfois que notre colonie africaine est gouvernée par les Russes ou les Roumains?

« A quoi servent les principes de la Révolution de 89 : *Liberté, Égalité, Fraternité?*

« Mais je n'ai pas fini :

« Les antisémites, jaloux de ce que les Israélites exclus des autres sociétés ont trouvé le moyen de fonder une société à eux, jaloux également des succès que cette société a remportés dans tous les concours où elle s'est présentée, n'ont pas manqué une seule occasion de la vexer douloureusement.

« Chaque fois qu'une fête a été organisée et chaque fois que la société a eu l'occasion de défiler, elle a été sifflée.

« Et cela en plein jour, dans une ville comme Alger.

« Des Français défilent, font des exercices corporels pour devenir des citoyens robustes, — pour être aptes plus tard à défendre la patrie contre l'ennemi, et il est toléré que des antisémites aidés par des Italiens et des Espagnols les sifflent en pleine rue.

« Que fait notre gouverneur général en Algérie pour permettre pareilles choses ?

« Que fait la police ?

« Il est pourtant temps que de pareilles vexations dirigées contre des Français cessent une fois pour toutes.

« Je blâme aussi les Français-Israélites d'Alger ; je les blâme de se laisser insulter et siffler par la bande de Grégoire, pendant leur défilé.

« Ils savent pourtant que ces antisémites sont des pleutres. Pourquoi ne pas se munir de gourdins lorsqu'ils sortent en corps ? Je suis persuadé qu'en ne faisant autre chose que leur montrer les gourdins, ce sera un sauve-qui-peut général, et si cela ne suffit pas, qu'ils leur cassent les côtes, c'est tout ce que méritent ces clowns qui ne cherchent qu'à fomenter la discorde entre Français.

« M. Zeller, président de la *Patriote*, a pris, l'année dernière, l'initiative de la Fédération de toutes les sociétés algériennes de gymnastique, y compris l'*Avenir algérien*, et au mois de mai dernier, au concours de Nancy, où se trouvaient représentées les trois Sociétés, il a été décidé par ces dernières qu'un concours serait organisé à Alger au mois de mai 1893.

« Les antisémites d'Alger et une partie des membres de la *Patriote* et du *Club gymnastique*, ayant appris télégraphiquement qu'une entente avait eu lieu avec la Société juive de gymnastique en vue de l'organisation d'un concours à Alger, n'ont pas accepté les engagements pris par M. Zeller à Nancy et formèrent une nouvelle commission d'organisation du concours d'où ce dernier et les délégués de l'*Avenir algérien* furent éliminés.

« La nouvelle commission s'est réunie et elle a décidé que le concours de gymnastique aurait lieu au mois de mai à

Alger et que l'*Avenir algérien* serait laissé de côté et n'y prendrait pas part.

« Le président de cette dernière Société, voyant la haine et le parti-pris de la commission organisatrice du concours et désirant que sa Société prît part au concours au même titre que les autres, se rendit au 38e congrès des Sociétés de gymnastique réuni à Paris, où les deux autres Sociétés se sont également fait représenter pour trancher le différend.

« Il leur a été répondu que les statuts visant le concours de gymnastique comportent ceci :

« Lorsqu'un concours doit avoir lieu dans une ville, il faut « que toutes les Sociétés de gymnastique de cette ville, sans « distinction de secte ni de parti, y prennent part. »

« Voyant donc qu'on ne pouvait pas éliminer la Société juive du concours, M. Tingry, antisémite, président du comité d'organisation et président actuel de la section anti-juive de *la Patriote*, pour tourner les difficultés, adressa la lettre suivante au président de la Société juive l'*Avenir algérien*.

« A Monsieur le président de l'*Avenir algérien*.

« Alger.

« Monsieur le président,

« A la suite de notre entrevue d'hier, et en raison des propositions échangées de part et d'autre, j'ai l'honneur de vous faire connaître qu'il me conviendrait d'apporter devant l'assemblée plénière des membres du comité d'organisation qui doit avoir lieu samedi 26 courant, à 9 heures du soir, des résolutions capables d'assurer la réussite de la prochaine fête fédérale de gymnastique.

« En conséquence, je ne peux que vous engager à user de

toute votre influence auprès de cette Société pour lui faire remarquer quelle responsabilité elle encourrait si elle devenait un obstacle à la réalisation de nos projets, et lui demander, — *toute satisfaction d'amour-propre lui ayant déjà été donnée par le 38ᵉ congrès,* — de restreindre son rôle dans la fête à une participation effective dans l'organisation, toute autre condition de comparution dans les défilés étant écartée des pourparlers.

« Veuillez agréer, etc...

« Le président du comité d'organisation,

« Tingry. »

« M. Honel, président de cette dernière Société, lui répondit par l'ordre du jour suivant :

Assemblée générale extraordinaire du 26 novembre 1892.

« Étaient présents, 200 membres.

« L'assemblée générale,

« Vu la lettre du président du comité d'organisation en date du 25 de ce mois et sans s'arrêter plus que de raison à son contenu ;

« Considérant que le 38ᵉ congrès des Sociétés de gymnastique de France, réuni à Paris le 12 écoulé, a fait droit aux légitimes revendications de *l'Avenir algérien* ;

« Qu'en suite du vote unanime émis par cette haute assemblée, la fraction centrale du comité de permanence et le comité d'organisation d'Alger ont offert à *l'Avenir algérien* de restreindre son rôle dans la fête à une participation effective dans l'organisation, toute autre condition de comparution dans les défilés étant écartée des pourparlers ;

« Considérant que cette condition restrictive, qui semble dictée par un sentiment d'intolérance contre lequel proteste énergiquement l'esprit moderne, est contraire aux prévisions des statuts, aux traditions de la Fédération et humiliante pour *l'Avenir algérien*, qu'elle porte atteinte à la dignité de chacun de ses membres, que dès lors elle ne saurait être acceptée ;

« Mais considérant que l'amour de la Patrie, le dévouement à la République et l'intérêt bien-entendu de l'Algérie, qui seuls inspirent *l'Avenir algérien*, doivent l'emporter sur toute considération et lui font un devoir impérieux de s'abstenir de tout acte de nature à compromettre le succès de la 19e fête fédérale ;

« L'assemblée générale décide : Art. premier. — Les propositions de la section centrale du comité de permanence et du comité d'organisation d'Alger sont rejetées.

« Art. 2. — *L'Avenir algérien* ne prendra point part à la 19e fête fédérale.

A la majorité des voix, cet ordre du jour a été adopté.

« *Le président,*

Honel. »

« En réponse à la décision prise par la Société israélite, le comité d'organisation adresse à la presse l'ordre du jour suivant :

« *Ordre du jour.*

« Le comité d'organisation de la 19e fête fédérale, considérant que le refus de *l'Avenir algérien* de participer à cette fête nationale constitue, eu égard à la décision et à la volonté manifestement exprimée par le 38e congrès de Paris, une atteinte à la réussite de cette fête ;

« Considérant qu'après la tentative de conciliation faite par le comité central d'organisation, les termes dans lesquels ce refus a été exprimé sont une injure gratuite à la dignité de l'Algérie, à la grandeur de la France ;

« Flétrit énergiquement les termes dans lesquels cet ordre du jour a été rédigé et décide que l'attitude peu digne de cette société sera livrée à l'appréciation du comité de permanence, en lequel le comité d'organisation de la 19e fête fédérale a la plus entière confiance, et en l'assurant qu'une solution favorable à la réalisation de la fête fédérale répondra hautement aux désiderata de l'Algérie entière.

« Et en plus de cet ostracisme, tendant à empêcher les Israélites de prendre part au concours de gymnastique, il s'est trouvé au sein du *Conseil municipal* un conseiller assez lâche, l'ex-déserteur Edredon, pour demander la dissolution de la Société juive de gymnastique, sous prétexte qu'elle est cause de troubles dans la ville d'Alger et qu'elle est un obstacle à la réussite du concours de gymnastique.

« Qu'en pensez-vous, Monsieur le ministre?

« Sommes-nous bien en République ? ou ne se croirait-on pas reporté plutôt aux temps atroces de l'Inquisition ?

« Voilà des catholiques qui fondent deux Sociétés de gymnastique, ils en interdisent l'accès aux Israélites ; ces derniers qui sont non moins bons patriotes que les catholiques fondent, à côté, une Société similaire, et non seulement chaque fois que cette Société a l'occasion de sortir, elle est sifflée par des misérables gredins qui prennent leur mot d'ordre de Drumont et de Morès, mais encore on demande sa dissolution.

« Où sommes-nous ?

« Je le répète, on ne se croirait pas sur une terre française.

« Tous les jours je reçois, Monsieur le ministre, des lettres me signalant les faits les plus inouïs, et non seulement de l'Algérie, mais également de la Tunisie.

« J'ai reçu, il y a quelques jours, une lettre de Tunis dans laquelle on m'apprend que l'antisémitisme y commence une campagne violente, et mes coreligionnaires me conjurent de les défendre.

« On me signale le *Messager Tunisien*, — qui attaque non seulement les Juifs, mais aussi le gouvernement français, — et ceci ne m'étonne pas, les antisémites étant de mauvais Français qui reçoivent leurs ordres des jésuites de Rome.

« Un seul pou qui n'est pas détruit engendre une indestructible vermine.

« Et c'est ce qui est arrivé, — les Juifs ont toléré Drumont, et aujourd'hui le Drumontisme est légion.

« Et j'ai à Paris, Monsieur le ministre, des coreligionnaires haut placés qui estiment que je suis trop violent vis-à-vis de ces ignobles personnages.

« Fort heureusement la masse de mes frères m'approuve, et je suis justement fier des lettres nombreuses que je reçois journellement de notables commerçants de Paris et de toutes les villes de France qui approuvent ma conduite, me supplient de continuer mon œuvre de salubrité publique, me déclarant que ce que je fais est patriote et que le judaïsme me devra d'être débarrassé des antisémites.

« Mes coreligionnaires ne se trompent pas, ma tâche est rude, peu soutenu que je suis, mais n'importe, mon énergie suppléera à tout et j'abattrai le Drumontisme, ainsi que je l'ai promis.

« Permettez-moi, Monsieur le ministre, de faire dans cette lettre un appel aux Sociétés de gymnastique de Paris, de Nancy, de Marseille, et de toutes les villes où notre journal a de nombreux lecteurs, pour les prier de s'abstenir et de ne pas se rendre au concours d'Alger au cas où la Société *l'Avenir algérien* ne serait pas traitée sur le même pied que les deux autres Sociétés rivales.

« Les Sociétés de gymnastique de France feront ainsi œuvre d'excellent patriotisme.

« J'estime, Monsieur le ministre, qu'il était de mon devoir d'appeler votre attention sur les faits ci-dessus, et je suis persuadé que vous les signalerez à M. le gouverneur général de l'Algérie, afin que des mesures soient prises en conséquence. Le Conseil municipal en particulier ne doit pas oublier que *les Français sont égaux devant la loi et qu'ils ont les mêmes droits et les mêmes devoirs.*

« Veuillez agréer, Monsieur le ministre, l'assurance de ma considération très distinguée,

« HENRI STRAUSS. »

Article du 21 décembre 1892.

L'Alliance Nationale en Algérie.

Nouvelles infamies des Antisémites, HERZ — ANDRIEUX — DRUMONT

Ma lettre ouverte à M. le ministre de l'intérieur, parue dans l'*Alliance Nationale* du 7 décembre dernier et dans laquelle je m'élevais avec hauteur contre l'ostracisme dont les antisémites d'Alger, composés d'étrangers inavouables, d'un tas d'hommes perdus de compromissions et de méfaits, en tête de qui marche l'immonde Grégoire, essayent, mais en vain, de circonvenir et de frapper la société de gymnastique l'*Avenir algérien,* par ce seul fait qu'elle est composée de jeunes gens israélites et qu'elle prospère, a jeté le désarroi le plus profond dans les rangs de nos inqualifiables adversaires d'Algérie.

Qu'ai-je réclamé pour la société l'*Avenir algérien*? La liberté et l'égalité devant la loi, simplement, et d'autant plus que cette Société n'est pas subventionnée par la ville d'Alger comme ses sœurs rivales ; j'ai demandé à ce que ses membres tous français, qui ont satisfait à la loi militaire ou qui vont y satisfaire avec orgueil, ne soient pas stupidement sifflés quand ils défilent, se rendant à leurs exercices, par quelques antisémites haineux renforcés d'Italiens et d'Espagnols du plus misérable acabit.

Et c'est le prétexte que saisissent au vol des drôles de l'antisémitisme à Alger pour faire un tapage épouvantable dans leurs insignifiantes feuilles de chou ; ils déclarent que je suis inspiré par le Consistoire d'Alger, ils prétendent que j'insulte la population anti-juive des trois départements algériens ; enfin ils provoquent un grand meeting de protestation à Mustapha.

Eh bien ! il a été joli leur meeting ! Sur 400 assistants il y avait 350 Italiens, Maltais et Espagnols et 50 soi-disant antisémites dont 49 pelés et un tondu. Le tondu, c'était Fernand Grégoire, Grégoire le lâche qui insulte et qui ne se bat pas, Grégoire l'immonde, récemment flagellé par notre confrère Bouland, du *Canal algérien*.

Ces chenapans ont osé demander le retrait du décret *Crémieux* qui a fait des Israélites d'Algérie des citoyens et des soldats français !

Je leur répondrai, moi, que je demande l'extension du décret Crémieux à tous les habitants de l'Algérie, aux indigènes indistinctement, Arabes et Kabyles, sachant, comme nous faire respecter leurs croyances tout en servant dignement la France ; et enfin, nous n'aurions pas tant d'étrangers en Algérie, Italiens, Espagnols, Maltais, Syriens, Turcs, Grecs, s'y enrichissant à nos dépens, tout en ne participant pas à l'impôt du sang.

On déclare que je marche d'accord avec un certain M. Honel ? Je sais seulement que M. Honel a été autrefois président du Consistoire à Alger, mais j'ignore absolument qui est au juste M. Honel, s'il est avocat, médecin, négociant ou journaliste, et je n'ai jamais eu les moindres rapports avec lui, tant à Paris que n'importe où !

Je combats au nom de la justice et pour la paix religieuse, et j'ai avec moi tous les honnêtes gens sans distinction de parti et de religion.

Grégoire et les siens osent prétendre que j'excite à la guerre civile ! Que pensent-ils alors des gens de la *Libre Parole* qui parlent à tout propos d'aller brûler la banque des Rothschild et qui désignent aux dynamiteurs les demeures de tous les Israélites de Paris qui, par un travail incessant et une activité prodigieuse, contribuent si puissamment et à donner du pain à tant de Français et à assurer la prospérité nationale.

Et je ne me dérobe pas. Voilà trois mois que je bats journellement en brèche la bande Drumont - Morès - Guérin - Demachy - Boisandré. Je les attends et je les suivrai n'importe où, quand il leur plaira ! Je me ris donc des quatre cents lieues qui me séparent de la place du gouvernement à Alger ; — j'y serai d'ailleurs dans deux mois, et d'ores et déjà je suis certain que le pleutre Grégoire se cachera encore comme il l'a toujours fait chaque fois qu'il s'est trouvé en présence d'un cœur loyal et résolu.

Il est plus que certain que si je n'avais pas été à quatre cents lieues d'Alger, le meeting de Mustapha n'aurait pas eu lieu. Car je suis persuadé que dans deux mois, lorsque j'irai à Alger, l'ex-typo qui a été chassé de tous les ateliers se cachera dans un trou, dont il ne ressortira que lorsque j'aurai quitté la ville.

Lorsque l'on a reçu autant de gifles que ce gredin sans oser riposter, on se tait et l'on ne joue pas le matamore, cela ne lui sied pas et même les antisémites algériens doivent se moquer de leur triste chef.

*   *   *

Quand je disais que le scandale ne faisait que commencer ; que bien des surprises étaient ménagées, et que les révélations allaient devenir curieuses !

Un grand journal du matin vient de publier une curieuse série d'informations au sujet de M. Cornélius Herz et de certains personnages politiques *très haut placés* et **à tort ou à raison** considérés comme protagonistes ou comme inspirateurs des intrigues dont la tragi-comédie du Panama n'est que le manteau d'Arlequin. Il est piquant d'y trouver les noms de M. Rouvier et de M. Constans, — ce dernier comme entrepreneur anonyme de la campagne menée depuis trois semaines par la *Cocarde*.

Peut-être un de ces jours procurerai-je à mes lecteurs le régal de leur dévoiler tout ce que je sais au sujet des divers personnages mis en cause, de leurs manœuvres, de leurs accointances et de leur influence *occulte* sur la **versatilité** de certains journaux.

Pour aujourd'hui, je me contente de l'article sensationnel de l'*Écho de Paris*, de retenir cette affirmation très significative, très grave, qui jette un jour singulier sur certains dessous de l'affaire et que nul démenti ne vient contredire :

« D'ailleurs M. de Reinach était devenu l'ami de la *Libre Parole* et M. Georges Duval avait quelque raison de répéter devant la rédaction la phrase que lui avait dite, en prenant congé de lui, le baron juif : *Je vous remercie de l'attitude prise par votre journal vis-à-vis de moi ; je n'en suis pas d'ailleurs surpris, car je sais bien que la campagne menée par la* **Libre Parole** *est dirigée par un de mes amis !* »

Quel est cet ami ?

Je n'ai pas à le rechercher... du moins aujourd'hui.

Il me suffit de constater qu'il est désormais avéré que la campagne de la *Libre Parole* **a été payée par de l'or israélite !**

Tout commentaire serait superflu.

La conscience de nos lecteurs appréciera.

Et l'opinion publique, déjà mise en éveil par tant d'infamies, sera unanime à flétrir !

* * *

La *Libre Parole* a été subventionnée par le baron de Reinach.

Je soupçonnais bien que la conscience (?) de ces gens-là était à vendre.

Je ne peux que me réjouir d'en avoir une preuve aussi flagrante — flagrante comme un délit.

Mais un point d'interrogation ne se dresse-t-il pas ?

Sinistre et accusateur !

Le baron de Reinach est mort de mort violente...

La justice n'aurait-elle pas le devoir de rechercher ceux — tous ceux — qui ont pu avoir un intérêt *quelconque* à **s'assurer** le *silence* du baron ?

Je n'insiste pas.
Je pense à Borgia...
Un fin politique
Et un toxicologue émérite !

* * *

Un journal du soir vient de publier un article de reportage intéressant à noter, au sujet de cette sempiternelle affaire Cornélius Herz et des relations de M. Andrieux, — ancien député, ancien préfet de police, ancien ambassadeur en Espagne, ancien procureur de la République à Lyon, ancien candidat revisionniste à Paris... et candidat à une présidence, — avec ledit M. Herz et aussi avec le directeur — à Londres — de l'*Intransigeant*.

Très curieuses, ces indications — et, à coup sûr, elles ont dû provoquer une crise de fureur chez l'ancien préfet de police et chez l'épileptique Rochefort.

L'article est à citer en majeure partie :

Notre confrère Formentin a vu M. Cornélius Herz, en présence d'une tierce personne, *homme fort connu à Paris, ancien député,* **et mieux encore.**

Cette personne est l'avocat et le conseil de M. Cornélius Herz.

D'autre part, notre confrère Lordon, envoyé à Londres par le *Gil Blas*, nous apprend qu'il a rencontré M. Andrieux sortant de chez M. Cornélius Herz.

Il y a lieu de conclure de ce simple rapprochement que le conseil de M. Cornélius Herz est M. Andrieux, *ancien député*, et mieux encore, *ancien préfet de police*.

Maintenant, si l'on veut bien se souvenir du rapprochement sensationnel qui intervint, après la campagne boulangiste, entre M. Henri Rochefort et M. Andrieux, on est naturellement amené à déduire que des rapports existent actuellement, à Londres, entre le rédacteur en chef de l'*Intransigeant*, l'ancien préfet de police et l'ancien ami du baron de Reinach.

On comprend par là les dessous de la campagne engagée ; on sait quels hommes la mènent et l'on devine quels sont leurs moyens.

La « tierce personne » qui a bien voulu donner des détails au rédacteur de l'*Écho de Paris* accuse M. Constans d'avoir inspiré la campagne de la *Cocarde* et de la *Libre Parole*. Si cette tierce personne est, comme nous avons lieu de le supposer, M. Andrieux, il est assez piquant de remarquer que M. Andrieux vient de se démasquer comme collaborateur de la *Libre Parole*.

L'interview de M. Cornélius Herz.
Incident Andrieux-Formentin.

On nous apprend à la dernière heure que M. Andrieux proteste contre l'article publié ce matin dans l'*Écho de Paris* par M. Ch. Formentin et déclare que M. Ch. Formentin n'a pas vu M. Herz à Londres.

De son côté, M. Ch. Formentin maintient de la façon la plus catégorique tous les termes du récit paru ce matin dans l'*Écho de Paris*. «Pour peu que M. Andrieux insiste, il se fera un plaisir de raconter certains détails volontairement omis par lui et qui donneront à son article un caractère encore plus précis. »

Bien drôle décidément, bien drôle!

C'est le seul mot que comporte la situation!

HENRI STRAUSS.

Je l'ai dit plus haut, je ne sais plus si c'est l'*Intransigeant* ou la *Libre Parole* qui a écrit que Dreyfus est coupable, sinon les officiers qui l'ont condamné seraient des coquins.

Lors de l'attaque de E. Crémieux-Foa frère du capitaine, par des officiers de dragons l'on a pu voir que surtout dans le corps d'officiers de dragons il y a des coquins et des lâches, *non israélites*, mais j'admets que les officiers qui ont jugé Dreyfus ne sont que des imbéciles, mais de très honnêtes gens.

Pourtant il me plait de déclarer que le commandant *Sandherr*, qui vient de mourir, fut un coquin; pris de remords au moment où il rendait sa vilaine âme au diable, il a déclaré que Dreyfus était innocent. Il me plait encore de déclarer que le commandant *Mercier du Paty de Clam* est un fieffé coquin, indigne de porter les épaulettes, mais digne de remplacer *Deibler* comme bourreau. Je vais puiser un peu dans la brochure de *Bernard Lazare*, — puisqu'à cette époque il m'était impossible de suivre les débats — pour édifier le public sur le rôle joué par ce bourreau.

Le lundi 15 octobre, le capitaine Dreyfus, convoqué par lettre du 13 octobre, sous prétexte d'inspection générale, se rendit au Ministère. Quand le chef d'état-major général reçoit les officiers en inspection, il les reçoit sans témoins; lorsque le capitaine Dreyfus fut introduit dans le cabinet du général de Boisdeffre, — où les glaces étaient disposées de manière à pouvoir surveiller ses jeux de physionomie, — il se trouva, à sa grande surprise, en présence du commandant *du Paty de Clam* et de trois personnes qu'il ne connaissait pas; le commandant le pria de s'asseoir à une table, en attendant le général de Boisdeffre, qui ne vint pas et que le capitaine ne vit jamais au cours du procès, pas plus que tout autre officier de l'état-major.

M. du Paty lui demanda d'écrire sous sa dictée une lettre, et le capitaine Dreyfus, dont l'étonnement redoublait, ayant consenti, il se plaça à ses côtés et lui dicta une missive dans laquelle étaient énumérés les documents figurant dans le bordereau incriminé : « *Votre main tremble* », dit-il au capitaine Dreyfus. « *J'ai froid aux mains* », répondit le capitaine. M. de Paty reprit sa dictée, puis : « *Faites attention*, recommanda-t-il, *c'est grave.* » Et à peine avait-il fini de dicter qu'il saisit le bras du capitaine Dreyfus et : « *Au nom de la loi, je vous arrête, vous êtes accusé du crime de haute trahison.*

Cette scène, d'ordinaire mélodrame, avait été imaginée par du Paty de Clam.

L'accusation a laissé entendre que le trouble du capitaine Dreyfus, pendant qu'il écrivait, décida de son arrestation.

Ceci est faux, archifaux, l'arrestation avait été décidée avant, le mandat avait été signé le 14 et le 14 au soir le commandant de la prison du Cherche-Midi recevait l'ordre écrit de préparer une cellule pour un prisonnier d'État.

L'on me conteste toujours que l'affaire Dreyfus soit une œuvre des antisémites ; j'ai déjà prouvé que Morès avait déjà imaginé en 1893 une infamie pareille pour perdre Weill.

Voyons maintenant les ordres qui ont été transmis au

commandant de la prison du Cherche-Midi et l'on ne doutera plus que les idiots du Ministère de la guerre se sont laissé mener comme des gosses par la clique antisémite.

Le 15 octobre au matin, le lieutenant-colonel d'Aboville se rendait au Cherche-Midi pour communiquer au commandant Forzinetti des instructions secrètes. Puis, tout en attendant l'arrivée du capitaine Dreyfus, *il appela l'attention de M. Forzinetti sur les propositions que lui feraient sans doute* **la banque cosmopolite et la haute juiverie** *et il lui demanda sa parole d'honneur d'obéir strictement aux injonctions ministérielles, ce que le commandant Forzinetti refuse de faire, disant qu'il n'avait, en soldat, qu'à suivre les ordres de son supérieur.*

Ceci sent l'antisémitisme en plein.

La banque cosmopolite et la haute juiverie ne se sont pas occupées de l'affaire, parce qu'elles comptaient sur la justice; elles ne pouvaient prévoir que le général Mercier se laisserait *mettre dedans*, comme un idiot, par la crapule dont le R. P. jésuite Drumont est le chef. Je suis persuadé que, si la **grande juiverie** avait voulu s'occuper de cette affaire, le capitaine serait en liberté, fût-il même coupable; nulle part les pots-de-vin ne font plus d'effet qu'en France et **chez nos bons amis les Russes.**

Le trouble, exact ou supposé du capitaine, ne fut donc pas la cause de son arrestation. La scène jouée dans le cabinet du général de Boisdeffre donna-t-elle une valeur quelconque à l'accusation ?

Qui pourrait l'affirmer? Dans ce que du Paty de Clam et les policiers présents ont appelé le trouble, la défense n'a jamais vu que la manifestation du sentiment de surprise que dut éprouver naturellement Dreyfus devant une mise en scène aussi inusitée; tout autre officier, en pareille circonstance, eût témoigné visiblement le même étonnement et en eût donné des marques. Si cela eût dû arriver au Paty de Clam, les marques se seraient montrées dans le fond de ses culottes, que sa pauvre ordonnance aurait dû nettoyer après la séance.

Sitôt le capitaine Dreyfus écroué, le commandant du Paty de Clam et M. Cochefert se présentèrent à son domicile. Ils annoncèrent à Mme Dreyfus l'arrestation de son mari et procédèrent à une perquisition minutieuse qui, *de l'aveu même de M. du Paty de Clam,* ne donna aucun résultat. Le rôle de M. Cochefert était terminé, celui de M. de Paty ne faisait que commencer. Il est nécessaire d'y insister pour montrer l'état d'esprit et l'acharnement inexplicable de ce coquin qui s'était érigé en juge d'instruction ; il est indispensable de dire comment fut traitée une femme que frappait le plus inattendu, le plus incompréhensible des malheurs.

Aussi comprendra-t-on que le capitaine Dreyfus ait pu dire un jour : «*Je n'ai pas eu affaire à des instructeurs, mais à des bourreaux.* »

Pendant les dix-sept jours que dura l'instruction, le bourreau-commandant du Paty de Clam vit journellement Mme Dreyfus. *Non seulement le misérable refusa de lui dire quelle était l'accusation qui pesait sur son mari, mais il lui laissa ignorer la prison où il était détenu; non seulement il ne l'autorisa pas à lui transmetre des nouvelles de sa santé et de celle de ses enfants, dont l'un était malade le jour de l'arrestation, mais il lui défendit d'informer quiconque de ce qui s'était passé.* Il lui dit qu'en dehors du ministre et de ceux qui étaient chargés de l'instruction, nul ne devait savoir ce qu'était devenu son mari. Comme Mme Dreyfus objecta qu'elle devait prévenir ses beaux-frères, il lui dit qu'un mot prononcé par elle serait la perte de son mari et que le seul moyen de le sauver était de se taire.

Dès le 16 octobre, alors que l'enquête commençait, le cuistre du Paty dit à Mme Dreyfus que toutes les preuves étaient réunies contre le capitaine et lui laissa entendre qu'il encourait la mort. Mme Dreyfus lui ayant demandé sur quoi s'appuyaient ces preuves, le misérable répondit : *« Sur mon intime conviction. »*

Devant cette femme affolée, plongée dans les ténèbres les plus profondes, ignorant quels pouvaient être les faits reprochés à son mari, et protestant de toute sa force contre l'abominable accusation, le lâche, qui certes, le jour où il faudra défendre le sol contre l'ennemi, ne recevra jamais d'autre blessure que dans les talons, *traitait le capitaine Dreyfus de lâche, de gredin, de misérable,* enfin il lui octroyait ses qualités à lui, il supposait que tous les officiers devaient être *aussi lâches, aussi gredins, aussi misérables qu'il l'était lui-même.*

Comme il ne trouvait aucune lettre indiquant des relations suspectes, il en concluait à la culpabilité du prisonnier. Quand Mme Dreyfus le questionnait, l'ignoble gredin lui démontrait que son mari était un scélérat invétéré, capable d'une incroyable dissimulation. *Il traçait sous ses yeux un cercle dans lequel il faisait entrer un certain nombre d'hommes susceptibles d'avoir commis le crime mystérieux; puis traçant d'autres cercles pour éliminer les uns après les autres, les soupçonnés, il arrivait au capitaine Dreyfus.*

Ce compagnon de saint Antoine allait jusqu'au point d'affirmer à Mme Dreyfus que son mari avait une vie double, parfaite pour sa famille, monstrueuse en réalité. *« Souvenez-vous du Masque de fer »,* lui disait-il, d'autres fois; ou bien : *« Son gardien, un officier supérieur, a répondu de lui sur sa tête; si j'étais à sa place, j'aurais tellement peur qu'il m'échappe que je me coucherais au travers de sa porte, j'épierais son sommeil. »*

Dans cette phrase le misérable trace son portrait : bourreau, mouchard et garde-chiourme, ce sont là les seuls emplois qui conviennent au commandant du Paty.

Cependant cette crapule se contredisait parfois, volontairement sans doute ; il laissait espérer la malheureuse femme, et le 1er novembre il lui écrivait qu'elle pouvait attendre une ordonnance de non-lieu.

Au secret, le capitaine Dreyfus fut mis pendant dix-sept jours à la torture, torture morale plus abominable cent fois que la torture physique. *Pendant quinze jours, il ignora l'accusation qui pesait sur lui.* Il recevait cependant la visite journalière de son bourreau, qui venait le soir, accompagné de son greffier, — lisez : son aide, — et dans ces entrevues il oublia toujours qu'il avait devant lui un accusé et non un coupable. Il n'abordait l'homme qu'on avait mis entre ses mains que l'injure à la bouche. A celui qu'il laissait dans l'ignorance du crime dont on l'accusait il enlevait tous les moyens de défense, comme le fit plus tard le général Mercier.

Il faisait subir au mari les angoisses qu'il faisait subir à la femme.

Je lui disais : « *Vous êtes perdu, il n'y a que la Providence pour vous tirer de là.* »

A ses interrogations désespérées il ne faisait que des réponses ambiguës. Un soir, le capitaine supplia ses tourmenteurs, leur demandant de lui dire de quoi il s'agissait ; le greffier répondit : « *Supposez qu'on trouve votre montre dans une poche où elle n'aurait pas dû être* » ; la canaille du Paty acquiesça d'un geste. On le prévenait que ses complices (?) allaient être arrêtés, que son emprisonnement, quoique secret, était connu de toutes les *officines allemandes*. S'il attestait de son innocence, son bourreau lui répliquait : « *L'abbé Bruneau disait aussi qu'il était innocent, et cependant il est mort sur l'échafaud.* »

Dix fois, dans son affolement, le malheureux voulut se suicider: dix fois il résista, car il savait que le suicide serait pour les esprits prévenus l'aveu de sa culpabilité et qu'étant innocent, il n'avait pas le droit de mourir.

Et le malheureux a eu raison; il arrivera bien un jour où la France sera gouvernée par des hommes honnêtes et intègres et par des hommes intelligents. Ce jour-là l'innocence du martyr sera proclamée officiellement.

Jusqu'au quinzième jour de son arrestation, on posa au capitaine Dreyfus des questions à double entente et on fit divaguer son esprit en le lançant sur les pistes les plus contradictoires.

Enfin, le quinzième jour, on lui *montra la photographie du bordereau qu'on l'accusait d'avoir écrit.*

Le lendemain la fripouille ~~ ~~ répond au nom de du Paty de Clam remettait son rapp▬ général Mercier.

Une année auparavant Morès avait essayé ce coup en dénonçant le chef d'escadron Weill comme espion.

La clique antisémite exploitait la bêtise du petit sucrier. — Je me demande si le susdit du Paty de Clam n'a pas connu par hasard la couleur de l'argent du petit Max.

Dans tous les cas, je laisse au public le soin de juger les agissements du bourreau, mais ce dont je suis persuadé, c'est que dans aucune armée l'on ne trouverait un officier disposé à faire la sale besogne de cette crapule.

Mais en France, aujourd'hui, rien ne doit plus étonner.

Rochefort est jugé par la Haute-Cour, l'on tire les pires malfaiteurs des prisons de France, Constans les paye pour témoigner.

Tout le monde se rappelle l'assassinat de la rue Rambuteau. L'assassin présumé et sa maîtresse furent emprisonnés. Ne trouvant aucune preuve contre le prévenu, qui, d'ailleurs, était innocent, la préfecture de police envoya un de ses agents dans la cellule de la femme, il la roua de coups pour lui faire avouer que son amant était le coupable; ne pouvant rien obtenir, la préfecture fit offrir par un autre agent cent francs à cette malheureuse, mais elle tint bon.

Il est vrai qu'en cour d'assises l'avocat général qui siégeait, un des rares magistrats français honnêtes, a flétri les agissements de cette police.

Dans l'affaire Dreyfus, faux rapport de la police qui disait qu'il menait une vie de débauches, etc. Après quatre jours de débats, il fut constaté que le rapport était mensonger, que le capitaine n'avait aucune relation suspecte, que les voyages à l'étranger, les besoins d'argent, les habitudes de jeu, la fréquentation des femmes étaient des légendes.

Et maintenant, pour la dernière fois, je parlerai de moi dans cette brochure. Si je le fais, c'est simplement pour prouver à quel point est tombée en France la magistrature, sous le gouvernement de la 3me République et, comment il est possible qu'une affaire aussi monstrueuse, que celle du capitaine Dreyfus puisse se produire dans ce pays qui est sous tous les rapports en pleine décadence.

Tout le monde se rappelle avec quel courage j'ai combattu pour mes coreligionnaires chaque fois, qu'ils étaient systématiquement attaqués par la bande du coquin Drumont.

L'on se rappelle mes attaques contre *le Petit sucrier* de triste mémoire; ces attaques l'ennuyaient tellement qu'il me fit offrir de l'argent pour les cesser, et le même jour je fis part au public de cette offre dans mon journal en disant : que ma plume n'était pas à vendre.

Max Lebaudy, lorsqu'il était encore mineur, avait souscrit à un nommé **David Winter,** né à Cologne et habitant Paris, une traite qu'il se refusait de payer à sa majorité, et cela pour une cause que j'ai approuvée et que le lecteur devinera facilement.

Voyant que je ne vendais pas ma plume, ma perte fut décidée et la lâche infamie ourdie.

Georges Belz, mon ancien secrétaire, qui ajoute frauduleusement à son nom celui de baron de Villas; Heftler le condamné à 2 ans, Heftler le voleur, fils de coiffeur, qui s'intitule baron Ladislas Heftler, etc.; Théodore Widerschall, le voleur de la Maison de Blanc et un des courtiers de Winter, furent chargés par ce dernier de se rendre chez Lebaudy et de lui dire que Winter se chargeait de le débarrasser de moi s'il payait la traite de 140,000 francs.

Le marché fut conclu; j'en parle longuement dans *Le triomphe des coquins*.

Huit jours avant le guet-apens parut un numéro unique d'un journal intitulé: *Le Gourdin*, distribué sur les boulevards, payé par Lebaudy, qui annonçait mon arrestation, — ce qui prouve la préméditation, — quatre jours après, assis sur la terrasse du café Napolitain, la fameuse attaque des 25 lâches appartenant à la *Libre Parole* et à la bande Lebaudy eut lieu, les premiers étaient conduits par Guérin, les seconds par Widerschall.

Il serait trop long de raconter l'affaire ici, j'en parle dans mon autre ouvrage. Les coquins que je démasquais avec tant de courage voulaient lâchement se débarrasser de moi; grâce aux billets de banque de Lebaudy, ils ont réussi.

Cette affaire a coûté un argent fou au Petit sucrier, tout le monde l'exploitait; pour l'aider à se débarrasser de moi, la presse, la police, la magistrature se faisaient donner de l'argent par cet imbécile.

Heftler a reçu pour son faux témoignage 5000 francs; je le lui ai reproché à l'audience, il ne le nia pas, mais il répondit que Winter est un homme généreux qui lui avait fait cadeau de ces 5000 francs, mais qu'il ne les avait pas reçus pour son témoignage, et le flandrin qui présidait goba cette bourde ou fit semblant de la gober malgré qu'elle vînt d'un voleur, d'un condamné à 2 ans.

Voyons maintenant ce qu'étaient les organisateurs et les témoins de cette infamie :

Georges Belz, mon ancien secrétaire, — qui s'intitule baron de Villas et qui est plus connu sous celui de *Mousquetaire en pain d'épices*, — que j'ai renvoyé parce qu'il était par trop délicat.

Ladislas Heftler : Je vais reproduire une *chronique parisienne* parue dans le *Courrier de Bruxelles* et qui fera amplement connaître l'individu.

Voici cette chronique :

« Il y a quelques jours, un aventurier qui désirait se poser dans un certain monde parisien adressa ses témoins à M. Aurélien Scholl, le sympathique écrivain. Celui-ci, ayant envoyé aux renseignements, apprit que le personnage qui se faisait appeler le baron Ladislas Heftler, était le fils d'un coiffeur du duché de Posen, chassé, pour vol, d'une maison de soieries où il avait été employé quelque temps. D'un autre côté le capitaine R... prévint M. Scholl qu'il avait dernièrement souffleté le Prusso-Polonais, dont la profession actuelle était d'attendre les étrangers au Grand-Hôtel et de leur faire payer son... entremise. M. Scholl ayant refusé un pareil adversaire, le Polonais se rendit au café Riche et lui demanda : « Pourquoi ne voulez-vous pas vous battre avec moi ? » — « Parce que vous êtes un maquereau et un voleur, » répondit l'autre. — Le calicot prusso-coiffeur tomba sur celui qui lui avait dit une si cruelle vérité et lui appliqua un coup de poing sous le menton et un autre sur la poitrine. M. Scholl riposta par une volée de coups de canne, mais une courte épée à l'intérieur perça la main et la cuisse de l'imprudent agresseur. M. Scholl, désireux de donner un dénouement à cette affaire, consulta sur le point d'honneur des hommes compétents. MM. Antonio de Espeleta, Foy d'Esclands, Anatole de la Forge et Paul de Cassagnac, choisis, se rendirent à la maison de soieries, où on leur fournit la preuve que le faux baron était un voleur.

« Lui-même avait fait des aveux par écrit et suppliait qu'on ne le fît pas arrêter. Les quatre personnes consultées déclarèrent d'un commun accord qu'une affaire ne pouvait avoir lieu dans ces conditions et firent la défense à M. Scholl de l'accepter. Le lendemain, M. le capitaine R... et M. de K..., qui s'étaient présentés au nom du faux baron, vinrent rendre visite à M. Scholl et lui affirmèrent qu'ils ignoraient les antécédents du bonhomme et qu'ils reconnaissaient qu'on ne pouvait se battre avec lui.

« En se retirant-ils serrèrent la main d'Aurélien Scholl. »

Ce rastaquouère, voleur, maquereau et faux témoin, cet ami de David Winter, qui a reçu 5000 francs, fut le premier témoin. Comme dans l'affaire de la Haute-Cour, — Général Boulanger, Rochefort et Dillon, — l'on payait des forçats pour témoigner contre moi. J'ai parlé au commencement de cet ouvrage du rapport infâme et ridicule de la police.

Passons à *Théodore Widerschall*, l'inséparable, l'*alter ego* de Heftler :

Dans toutes les occasions difficiles, et chaque fois que l'argent faisait défaut, le jeune Max Lebaudy, lors de sa minorité, avait recours aux bons offices du Polonais Widerschall, l'inséparable de Heftler, un des rebatteurs pour le compte de David Winter.

Ce Widerschall habite au numéro 7 de la rue Meyerbeer, où il exerce ostensiblement la profession de marchand de diamants.

En réalité, cet individu pratique l'usure sur une grande échelle et son véritable métier consiste à rechercher les fils de famille que des besoins impérieux, — ou qu'ils considèrent comme tels, — ont mis sur la pente et qui se trouvent amplement entraînés pour courir directement à leur ruine ou au déshonneur !...

Widerschall, ou plutot le nègre, — ainsi qu'on l'appelle dans les établissements de plaisir, à cause de son teint bistré, — s'abouche autant que possible avec ces jeunes gens écervelés et leur fait signer un certain nombre de billets à son ordre, en échange desquels il leur remet des *crocodiles empaillés* ou de la verroterie quelconque qu'il leur compte un prix formidable !...

Là ne s'arrêtent pas ses moyens de spéculation. Dans les maisons borgnes de rendez-vous qui ont l'habitude d'offrir une large hospitalité aux pires drôlesses de la capitale, Widerschall est connu pour un rabatteur émérite de gibier rare et de pigeons à plumer !...

C'est dans ces lieux agréables qu'il mène ses clients d'occasion se hâter de dépenser ou de jeter les billets de banque qu'il leur a procurés à des prix fous ; ce qui fait que ses bénéfices se trouvent ainsi décuplés par l'intérêt ou la remise que lui font les tenancières des lupanars en question sur chaque tête amenée par ses soins.

N'était-ce pas là l'homme indiqué d'avance pour servir de *Mentor* dans la vie si débauchée du Petit Sucrier ?

Naturellement il s'est bien gardé de rater une si belle occasion, il s'est empressé de la saisir *au vol !*

Mais avant d'aller plus loin, il faut que je raconte un fait que j'ai découvert dans la *Gazette des Tribunaux :* Il y a environ quatorze ans, la veille de l'Assomption, un déserteur russe, originaire de Varsovie et réfugié en France, se trouvait compromis dans une affaire de vol commis à la *maison de Blanc,* boulevard des Capucines.

Il fut arrêté à son domicile, qui était alors rue Richer, et quelque temps après, au mois d'octobre, il passait en police correctionnelle avec ses complices et se voyait infliger une condamnation de 13 mois de prison.

Sa condamnation purgée, ce voleur ne fut pas expulsé, mais on le voit de nouveau arrêté plus tard sur l'ordre de M. Mouquin, commissaire de police, à la suite d'une plainte portée contre lui par une femme qu'il avait amenée de son pays.

Cette personne, qui était jeune et jolie, avait été lancée sur l'asphalte, dès son arrivée à Paris, par ce chevalier du trottoir.

C'était son bien, une propriété enfin, dont il espérait tirer un bon profit.

Mais voici que la belle s'ennamouracha pour tout de bon d'un jeune et riche Italien auquel son tendre protecteur l'avait présentée ; et désireuse plus tard de soustraire à celui-ci les bijoux que son nouvel amant lui avait donnés, elle n'avait rien trouvé de mieux que de les convertir en billets de banque, qu'elle eut l'imprudente idée de cacher dans sa... tournure.

Hélas ! cette ingénieuse cachette ne passa pourtant pas inaperçue devant la perspicacité et le flair extraordinaire de l'intrigant slave.

Il y a aussi des gens pour lesquels rien n'est sacré et l'on devine bien que le petit trésor fut obligé de passer de ce lieu intéressant dans la poche d'*Alphonse*, qui en quelques jours trouva le moyen de tout perdre aux courses.

De là, colère, pleurs et plaintes de la dame à la découverte du méfait.

L'arrestation ne fut pas maintenue, parce que la pauvre petite craignait les représailles futures ; elle supplia le commissaire de police de passer outre et de lui rendre... son ami.

Ce personnage n'était autre que Widerschall, le nègre de la rue Meyerbeer, le voleur de la Maison de blanc, le factotum de Max Lebaudy, le rabatteur pour compte des lupanars et de David Winter, de Cologne (Prusse rhénane), habitant Paris.

Je parlerai plus longuement de cet individu dans mon ouvrage : *Le triomphe des coquins.*

Pour en finir aujourd'hui avec Widerschall, j'ai encore à ajouter qu'étant soldat et employé aux intendances dans la section des infirmiers, en Russie, il tirait large profit de sa situation en délivrant, moyennant espèces, de faux certificats revêtus de la signature des médecins en chef, qu'il contrefaisait habilement ; ce qui permettait aux intéressés de se soustraire aux obligations du service militaire.

La mèche éventée, il prit sa course pour venir voir ce qui se passait à Paris.

Et ce sont ces espèces de gens qui sont les auxiliaires de la magistrature, de la police, et qui servent de témoins, moyennant finances, aux membres du gouvernement ou aux riches coquins qui veulent se débarrasser d'un ennemi dangereux qui a le courage de les démasquer ou de vouloir les démasquer.

Et maintenant que j'ai édifié le public, je vais donner les preuves morales de l'innocence du capitaine Dreyfus. Et si le peuple français n'est pas complètement abruti, s'il lui reste encore une notion de bon sens, il verra qu'il ne s'agit pas simplement d'une *erreur judiciaire,* mais bel et bon d'une *infamie judiciaire.*

En Europe et en Amérique on le comprend et on a le plus profond mépris pour ceux qui ont condamné le malheureux. Pour rendre le prestige au corps des officiers français, la revision du procès s'impose.

Les preuves morales de l'innocence de Dreyfus.

J'ai déjà dit qu'un an avant cette malheureuse affaire, la clique antisémite avait essayé de faire passer le chef d'escadron Weill comme espion, mais à cette époque il me fut encore possible de déjouer cette infamie.

Depuis, on a continué d'intriguer, et c'est Dreyfus qui a eu le malheur d'être choisi par les misérables.

Le père de Dreyfus, M. Raphaël Dreyfus, était un des hommes les plus honorables de l'Alsace et un des plus grands industriels de ce pays. Le capitaine pouvait vivre tranquillement et continuer à exploiter avec ses frères la fabrique de Mulhouse. Français de cœur, pour son grand malheur, il opta pour ce pays ingrat; mais cela ne lui suffit pas, il est un de ceux qui rêvent la revanche et il se met dans la tête d'y contribuer, il se voue à la carrière des armes. Mais ce patriote français que l'on ose accuser de traître n'est pas le seul de sa famille qui sacrifie tout à cette République de pacotille. Son frère Jacques ne pouvait, à cause de ses intérêts, quitter Mulhouse, mais il a des enfants qui grandissent; alors faisant le sacrifice de ses intérêts, il émigre, il va habiter Belfort, et pour que ses enfants puissent servir sous les drapeaux en France et non pas devenir des soldats allemands, il leur fait délivrer des certificats d'émigration.

Ce n'est pas ainsi pourtant qu'agissent les hommes qui veulent trahir leur pays.

Je l'ai déjà dit: Dreyfus est riche, sa femme l'est aussi, il n'avait pas de passions, donc il n'avait pas besoin de trahir la France pour de l'argent. La trahir pour le plaisir de le faire? Il faut être idiot pour le supposer, car il n'avait pas besoin d'opter pour la France, il pouvait rester Alsacien, mener la vie à grandes guides avec l'argent qu'il possédait ou rester le collaborateur de ses frères ; mais Dreyfus, qui a le cœur plus français que tout un régiment de Parisiens, ne songe qu'à la revanche; il est un de ceux qui se font illusion, qui croient qu'elle est possible, même avec un peuple dégénéré comme les Français, et il veut contribuer largement à cette revanche, il veut être un des chefs conduisant l'armée ; il choisit donc la carrière des armes, entre à l'Ecole supérieure de guerre et là s'applique à devenir un officier d'élite. Courageux, intelligent, actif, hanté continuellement par cette idée folle et fixe de reconquérir l'Alsace, il est un des meilleurs, sinon le meilleur élève ; ses notes sont superbes, et à tous les examens les bulletins portent la mention *très bien*. Sorti de l'École supérieure de guerre, on le distingue à cause de ses excellents services et on le fait entrer dans l'état-major, où il fut placé successivement dans différents bureaux, à la satisfaction générale de ses supérieurs, dont il acquit la confiance par son activité et son intelligence. Très jeune, il fut nommé capitaine au 14e régiment d'artillerie et passa immédiatement officier d'état-major au 39e de ligne.

Tous ses supérieurs déclarèrent qu'il était un officier « d'une intelligence très remarquable et d'un patriotisme des plus ardents ». Pour la troisième fois, je fais remarquer et j'insiste sur ce point que la position pécuniaire du capitaine était très brillante. Riche par lui-même, il épousa une femme riche et par conséquent n'avait pas de soucis pour l'avenir. Il tenait de beaux chevaux, son intérieur était confortable, mais il était casanier, menait une vie solide et ne se vouait qu'à son service et à sa famille. Et cet homme d'une conduite exemplaire, — chose rare dans le corps des officiers français, — fut tout à coup mis en état d'arrestation pour haute trahison et, ma'gré toutes les preuves de son innocence, condamné sévèrement, dégradé publiquement et déporté *à l'Ile du*

Diable. Et comme le dit si bien l'honorable rédacteur en chef de la *Poste de Strasbourg*, M. Pascal David, — traité comme le *Masque de fer* le fut sous Louis XIV, à la Bastille.

Allons! un peu de bon sens, Messieurs les Français.

Pourquoi Dreyfus aurait-il trahi sa patrie? Lui, l'Alsacien, est pourtant devenu Français uniquement à cause de son patriotisme ardent pour ce pays. Aussi à cause de son option, fut-il traité avec tous les égards possibles en France. Il s'était créé une brillante carrière, avait devant lui un avenir splendide, hors ligne, et était considéré comme un des meilleurs officiers, un des plus intelligents officiers de l'état-major. Avec cela il était riche, par conséquent l'argent ne pouvait l'entraîner à trahir son pays.

Quel motif avait-il donc de commettre cet acte de haute trahison?

L'analyse psychologique n'en donne aucun.

Si Dreyfus était coupable, si véritablement il a trahi son pays, alors il serait un monstre, un épouvantail et en même temps un sujet exceptionnel, car dans ce cas il se serait rendu coupable d'un crime sans précédent et qui serait inexplicable.

L'on a bien publié que Dreyfus avait reconnu sa culpabilité un jour qu'il était seul avec un officier, qui, d'ailleurs, n'a jamais été nommé.

L'Éclair, dans son numéro du 14 septembre, a déclaré:

« Seul à seul, avec un officier des bureaux, dans un premier moment d'égarement, il (Dreyfus) a avoué, puis s'est reconquis. Et cet aveu sans tiers est un témoignage insuffisant. Mais celui qui a reçu l'aveu est un homme loyal (*sic*), à toute épreuve (*sic*), et sa parole n'est mise en doute par aucun de ses camarades. »

Ces affirmations de *l'homme loyal inconnu* ont reçu le démenti le plus complet. Cet homme loyal, à toute épreuve, dont la parole n'est mise en doute par aucun de ses camarades, n'existe même pas, et jamais Dreyfus n'a cessé de dégradation de son innocence : lors des débats, lors de la protester publique, en prison, partout, il a déclaré qu'il était une victime.

Et ce malheureux, qui adore les siens, a juré sur la vie de sa femme et de ses enfants qu'il n'avait jamais commis le crime pour lequel il a été condamné.

Et la preuve qu'il n'avait rien avoué à l'*homme loyal* est celle-ci :

Le bourreau commandant du Paty de Clam, qui avait dirigé l'enquête préliminaire à l'arrestation, se rendit à la prison du Cherche-Midi et, au nom du ministre de la guerre, demanda à Dreyfus s'il voulait reconnaître sa culpabilité : — «Je suis innocent, répondit le capitaine, je n'ai rien à avouer.» — «N'auriez-vous pas commis une imprudence, dit alors M. du Paty; n'auriez-vous pas voulu amorcer un agent étranger?» — «Je ne connais aucun agent, je n'ai jamais eu de telles relations, répliqua le capitaine Dreyfus; je suis innocent de ce dont on m'accuse. — «Alors, déclara le bourreau, qui a tant contribué à la perte du malheureux capitaine, si vous dites vrai, *vous êtes le plus grand martyr du siècle.*»

Et de sa prison du Cherche-Midi le capitaine a adressé, après le départ de du Paty de Clam, cette lettre au ministre de la guerre :

«Monsieur le ministre,

«J'ai reçu par votre ordre la visite du commandant du Paty de Clam, auquel j'ai déclaré que j'étais innocent et que je n'avais même jamais commis la moindre imprudence.

«Je suis condamné, je n'ai aucune grâce à demander; mais, au nom de mon honneur qui, je l'espère, me sera rendu un jour, j'ai le devoir de vous prier de vouloir bien continuer vos recherches.

« Moi parti, qu'on cherche toujours, c'est la seule grâce que je sollicite.

« **ALFRED DREYFUS.** »

Si donc Dreyfus est innocent, et il n'y a pas de doute qu'il ne le soit, alors Dreyfus est l'officier brillant, auquel on a arraché les épaulettes et brisé l'épée, devant une foule qui l'insultait, que l'on a déporté dans une île déserte, au climat meurtrier, et que l'on a séparé pour toujours de ce qu'il a de plus cher au monde et, comme son bourreau l'a dit : **on en a fait le plus grand martyr de ce siècle.**

Lorsque Dreyfus fut arrêté, il fut accusé pour un document que l'on aurait trouvé dans une corbeille à papiers à l'ambassade d'Allemagne. Accusation stupide ! Si elle eût été vraie, cela eût prouvé la négligence de l'ambassade d'Allemagne, d'un côté, et puis, que le gouvernement français entretenait des cambrioleurs pour..... commettre des vols à l'ambassade d'Allemagne.

Que le gouvernement français soit capable de payer des cambrioleurs pour travailler pour son compte, cela tout le monde le sait; l'on a vu les Andrieux, les Cléments, et autres Vidocqs à l'œuvre.

Et si l'écriture de Dreyfus n'a été imitée par un de ses camarades, il est hors de doute qu'elle l'a été à la préfecture de police, où il y a une officine spéciale pour cette espèce de travail. **L'ambassade d'Allemagne a déclaré spontanément qu'elle n'avait jamais eu le moindre rapport avec le capitaine Dreyfus, qu'elle n'avait**

jamais su qu'il existait et qu'elle n'a connu son nom que par les journaux.

CE DÉMENTI EST FORMEL.

Voici le récit qu'a fait de *Montville* dans le *Journal* du 16 septembre 1896 :

« Vers la fin de septembre 1894, lorsque l'on eut constaté une « fuite » dans les bureaux de l'état-major du ministère de la guerre et que l'on fut parvenu à se procurer la photographie d'une lettre que les attachés militaires allemands adressaient à leurs collègues de l'ambassade italienne, on s'employa à établir nettement la culpabilité de Dreyfus. Ce ne fut pas chose facile ; il fallut user de stratagèmes et de ruses, mais enfin les recherches du service de renseignements de la guerre furent couronnées de succès.

« Il y avait à l'ambassade d'Allemagne un garçon de bureau très naïf et très complaisant dont l'unique fonction consistait à balayer, ranger et épousseter les bureaux. Ce domestique, qui gagnait peu et était très âpre au gain, ne négligeait aucune occasion d'augmenter ses maigres émoluments par toutes sortes de petits profits. Cet amour de l'argent l'a perdu.

« Depuis plusieurs années il vendait à un chiffonnier les papiers qu'il trouvait dans les corbeilles de l'ambassade, bien qu'on lui eût formellement recommandé de brûler tout ce qu'il trouvait en faisant ses bureaux. Cet homme était loin de se douter qu'il pût y avoir dans les paperasses déchirées, chiffonnées, qu'il ramassait, des choses de la plus haute importance pour certaines gens. Or, un jour, au moment où il sortait du 78 de la rue de Lille, il se trouva en face de deux chiffonniers qui l'abordèrent très poliment.

« Pardon, monsieur. Vous vendez les vieux papiers que vous ramassez tous les jours à un marchand qui ne vous donne presque rien, qui vous exploite. Si vous vouliez faire affaire avec nous, vous réaliseriez de sérieux bénéfices.

« Les pourparlers durèrent quelques minutes; puis, le marché fut conclu et scellé devant un comptoir de marchand de vin. Le lendemain, les deux chiffonniers, qui étaient maintenant au mieux avec le garçon de l'ambassade, pénétraient dans l'immeuble de la rue de Lille et prenaient livraison des vieux papiers.

« Pendant une semaine, ils vinrent régulièrement tous les matins. De temps à autre, ils offraient un verre au garçon, qui, en bon Allemand qu'il était, aimait assez à lever le coude. Leur mission faite, les chiffonniers s'en allaient, faisaient plusieurs détours, puis arrivaient sur le quai où un homme les allégeait de leurs paniers qui, mis dans une voiture, étaient aussitôt portés au ministère de la guerre. Là, on les triait minutieusement. Un jour, l'attention fut enfin attiré par ces mots écrits sur un bout de papier bulle :

« Je vous enverrai très prochainement... manœuvres de « la pièce... Madagascar... quand je serai... »

« On rechercha les autres morceaux de la lettre qui avait été déchirée en quatre, — ce qui faisait seize fragments, — et on reconstitua la pièce qui allait devenir la principale preuve, celle qui devait atterrer le coupable. »

Le récit qu'en avait fait l'*Éclair* est encore plus stupide.

Je le répète, **le démenti de l'ambassade allemande est formel**; *d'un autre côté il n'y a que des idiots qui peuvent supposer qu'un ambassadeur d'Allemagne soit assez négligent pour jeter au panier un document d'une telle importance.*

Cette trame a été ourdie pour perdre un officier juif et jeter le discrédit sur les officiers israélites de l'armée.

Mais bientôt l'on a vu que tout ceci ne tenait pas debout et l'on a imaginé une autre fable encore plus grotesque :

Le capitaine Dreyfus a été arrêté et condamné pour une lettre chiffrée, que l'attaché militaire d'Allemagne à l'ambassade de Paris aurait envoyée à son collègue italien, et cette lettre chiffrée dans laquelle l'on disait : « *Décidément, cet animal de Dreyfus devient trop exigeant* », **cette lettre chiffrée fut lue et photographiée en route.** Vraiment le gouvernement doit avoir une piètre idée de l'intelligence du peuple français pour lui faire avaler pareilles bourdes.

Il ressort donc nettement de cette accusation :

1° Que les attachés militaires allemands et italiens à Paris, *qui peuvent communiquer tous les jours verbalement*, entretiennent une correspondance chiffrée ;

2° Que le gouvernement français possède à l'Administration des postes un cabinet noir, où l'on décachète les lettres avant de les faire parvenir à destination.

Ceci je le sais depuis longtemps. Les Français ne peuvent correspondre sans que les sales mufles de ce cabinet noir ne lisent leurs lettres.

Ici encore, quelle différence entre la République de pacotille et l'Allemagne monarchique, où l'éminent directeur général des postes *Stephan* a pu faire du haut de la tribune cette fière déclaration : *En Allemagne, l'inviolabilité de la correspondance est aussi sacrée que la Bible sur l'autel.*

3° Que le gouvernement français faisait décacheter et photographier par les mouchards du cabinet noir la correspondance échangée entre les attachés militaires d'Allemagne et d'Italie, et qu'elle est arrivée à déchiffrer cette correspondance.

Ce que je viens de désigner sous le n° 1 est tellement invraisemblable et ridicule que les journaux français l'ont relevé, et pour faire disparaître la mauvaise impression produite par cette fable, le *Temps* publia encore une plus grande absurdité en disant: *que l'échange de lettres a eu lieu entre l'attaché militaire à Paris et Rome.*

Par contre, *l'Éclair* dit :

En septembre 1894, les attachés militaires à l'ambassade allemande adressaient à leurs collègues de l'ambassade italienne une lettre qui fut lue et photographiée en route.

Voyons! ce ne sont pas précisément des imbéciles que les gouvernements choisissent comme attachés militaires. Il n'est donc pas admissible que l'officier allemand qui remplit ces fonctions à Paris, et qui peut, ainsi que je l'ai déjà dit, communiquer tous les jours verbalement avec son collègue italien, soit assez niais d'envoyer des communications d'une telle importance par lettres, fussent-elles chiffrées.

Tout ceci prouve que toute cette affaire est louche et que le procès Dreyfus est une infamie sans précédent.

La déclaration du *Temps* est, ainsi que je l'ai également déjà dit, encore plus absurde, car chacun sait que l'échange de dépêches entre ambassade et gouvernement se fait par courrier et non pas par la poste.

Non contents d'avoir enlevé à Mme Dreyfus son malheureux mari, il y a eu des bêtes féroces qui ont encore essayé de la priver du soutien de son père, en accusant ce dernier d'avoir porté lui-même les documents à Rome. Et lorsque cette femme héroïque, sublime dans son dévouement et son abnégation, devant laquelle tout le monde devrait se courber avec admiration, a demandé à la Chambre la revision du procès de son mari, un misérable lâche, qu'à la tribune l'on qualifie d'*honorable*, profitant de son inviolabilité parlementaire, s'est fait l'écho de ces diffamations. Le scélérat savait que le beau-père ne pourrait le poursuivre, le lâche, qui se nomme *Chassaing*, savait qu'il ne risquait même pas de recevoir dans son gras-double la botte du père de Mme Dreyfus. Car avec les belles lois qui régissent cette malheureuse France c'est le diffamé qui aurait payé les pots... ou plutôt le gras-double cassé.

Heureusement, la *Revue antisémite*, ayant reproduit les insanités dudit Chassaing, M. Hadamard a pu forcer la justice à lui accorder satisfaction.

Me Demange a été empêché de défendre son client, on ne lui a même pas montré la lettre que le ministre de la guerre Mercier a remise, au dernier moment, au conseil de guerre, pendant que celui-ci délibérait et penchait vers l'acquittement. Il paraît que c'est cette fameuse lettre, que l'on prétend avoir été photographiée pendant le trajet de l'ambassade allemande à celle d'Italie, et qui aurait été déchiffrée et remise le 20 septembre par le colonel Sandherr, chef de la section de statistique, au général Mercier.

Dans cette lettre fabriquée par un faussaire se trouve cette phrase : « Décidément, cet animal de D... devient trop exigeant. »

Le nom de Dreyfus ne s'y trouve nullement, ainsi que le prétend l'*Éclair*.

Cette lettre, émanant d'un faussaire et venant juste à point au dernier moment pour influencer le conseil de guerre, n'a jamais été ni à l'ambassade d'Allemagne ni à celle d'Italie.

C'est pour cela qu'elle n'a été soumise ni au défenseur, ni à l'inculpé.

Cette lettre d'un faussaire était d'ailleurs écrite en langage ordinaire et non en langage chiffré.

N'importe, elle n'a pas été soumise au défenseur et Me Demange a eu raison lorsqu'il a dit : « **Si l'on** admet de semblables abus de pouvoir, des mesures aussi arbitraires, la liberté de chacun est compromise, elle est à la merci du ministère public, et on enlève à tout citoyen les garanties les plus élémentaires de la défense. »

Il était inutile de constituer un conseil de guerre pour cette affaire Dreyfus, le gouvernement n'avait qu'à faire voter par la Chambre servile le rétablissement des lettres de cachet et la reconstruction de la Bastille.

Qui vivra verra. Si le peuple français ne se réveille pas de sa torpeur, s'il continue à dégénérer comme il . fait, les indignes descendants des héros de 1789 et de la grande armée verront se rétablir les lettres de cachet sous la troisième République.

L'expert Bertillon.

Celui-là c'est un détraqué ou un fieffé fripon. Au cours de sa déposition devant le conseil de guerre, qui dura trois heures, il fut incompréhensible pour tous, comme le déclara le commissaire du gouvernement, le commandant Brisset. Ce maniaque affirme qu'il avait trouvé dans le bordereau, à l'aide de procédés qui lui sont spéciaux, la somme touchée par le capitaine Dreyfus comme prix de sa trahison : Cinq cent mille francs.

Et le malheureux capitaine se trouve interné à l'*Ile du Diable*, tandis que Bertillon et les juges qui ont écouté impassiblement cette déposition ne sont pas colloqués dans les cabanons de Charenton.

Comme le dit fort bien Bernard Lazare dans sa brochure :

« Quand on prétend posséder de pareils moyens d'investigation et qu'on tient entre ses mains, comme expert assermenté, l'honneur et la liberté des gens, on devient un maniaque dangereux. »

Bertillon, naturellement, faisait partie des trois experts qui ont déclaré que le document a été écrit par le capitaine ; les deux experts qui, dans leur rapport, ont déclaré le contraire sont MM. Gobert et Pelletier.

Au citoyen Henri Rochefort

Rédacteur en chef de l'« Intransigeant. »

Citoyen Henri Rochefort, vous avez été dans le même cas que le capitaine Alfred Dreyfus. Que dis-je ? Votre cas était bien plus grave. **Vous avez été condamné par la Haute-Cour, à la déportation perpétuelle, pour avoir pour cent mille francs trahi le gouvernement de la République et avoir, de complicité avec le général Boulanger et le comte Dillon, voulu engager la France dans des aventures, dont le résultat eût été le morcellement du pays.**

Prudent, vous avez pris la fuite, sinon vous seriez dans une Ile du Diable quelconque, car si vous avez bénéficié de l'amnistie, c'est uniquement parce que de Londres vous continuiez à taper dru sur les membres du gouvernement, et ces Messieurs préfèrent vous avoir sous la main.

De Londres, comme de juste, vous avez protesté avec indignation contre votre condamnation.

Vous traitiez Constans de cambrioleur et d'assassin. Thévenet ne fut pas épargné et, les sénateurs, vos juges, étaient de la fripouille, de la canaille, des vendus, que sais-je ?

Maintes fois vous avez attaqué violemment les conseils de guerre.

Toujours vous avez soutenu que la magistrature était prévaricatrice.

Mais vraiment, citoyen Henri Rochefort, vous n'êtes pas conséquent.

Vous prétendez, et je vous donne raison, que vos juges étaient des coquins ; par contre votre journal prétend : que le capitaine Dreyfus est coupable parce qu'il a été condamné à l'unanimité par le conseil de guerre.

Notez encore que vous avez été également condamné à l'unanimité par les sénateurs, vos juges, à la suite de débats publics, tandis que le capitaine a été condamné à huis clos, secrètement, sans que l'on sache au juste le motif sur lequel ses juges se sont basés.

Vous voyez donc que j'ai raison en disant que vous n'êtes pas conséquent avec vous-même, et que vous faites de la mauvaise besogne.

Votre devoir est tout tracé. Vous devez réclamer la revision du procès Dreyfus, et cela pour deux causes :

1° pour rester conséquent avec vos écrits précédents ;

2° comme bon Français, que vous prétendez être, pour sauver le prestige du corps des officiers français à l'étranger, car je vous assure que ce prestige a rudement souffert depuis la condamnation du capitaine.

Ce n'est pas en faisant la noce dans les cabarets des boulevards à Paris que vous pouvez vous rendre compte de ce que l'on pense de cette affaire en Amérique, en Angleterre, en Suisse, en Alsace-Lorraine et en Allemagne, mais l'impression dans ces pays est pitoyable.

L'on ne demande pas la mise en liberté du malheureux prisonnier de l'Ile du Diable, l'on ne demande pas sa grâce, puisque l'on est persuadé qu'il est innocent et l'on ne gracie pas ceux qui n'ont rien fait ; l'on ne demande même pas qu'il bénéficie de l'amnistie comme vous, l'on demande simplement **justice, justice entière et complète.** Revision du jugement, une nouvelle instruction sérieuse et impartiale, mais publique, un nouveau procès, non pas à huis clos, mais public, — et si alors il est prouvé que le capitaine est coupable oh ! alors, le monde entier s'inclinera devant le jugement et le mépris que l'on voue aujourd'hui partout aux officiers du conseil de guerre qui ont condamné Dreyfus se changera en respect. Par contre, s'il est reconnu que le capitaine est innocent, la réhabilitation doit être complète, et une fois libre, tout le monde doit prendre à tâche pour l'aider à trouver les misérables qui ont ourdi cette trame infernale.

Je le répète vos écrits antérieurs vous commandent de demander cette revision, et si elle ne peut se faire sans le vote de la Chambre, vous ne devez cesser de réclamer ce vote.

Si, par contre, vous n'écoutez pas ce sage avis, si vous persistez à dire: Dreyfus est coupable parce qu'il a été condamné à huis clos par un conseil de guerre, le monde entier dira: Henri Rochefort, s'il n'avait pris la fuite, serait maintenant prisonnier comme Dreyfus; s'il a obtenu l'amnistie, c'est parce qu'il embêtait les membres du gouvernement de loin, et que ceux-ci préfèrent l'avoir sous la main; mais ajoutera-t-on: Henri Rochefort est un misérable, il est coupable, puisque

malgré des débats publics, il a été condamné à l'unanimité par ses juges, d'honorables sénateurs qui siégeaient lors de son procès devant la Haute-Cour.

Il n'y a pas à sortir de là, si vos juges étaient des coquins, s'ils ont commis une infamie en vous condamnant, pourquoi cette infamie serait-elle impossible lorsqu'il s'agit d'un officier israélite ? Si Dreyfus est coupable *parce que ses juges l'ont condamné*, vous l'êtes également, puisque vous avez été aussi condamné, — et tous deux alors vous êtes des misérables.

Pour prouver que vous avez été innocemment condamné, vous devez être le premier à admettre que Dreyfus peut être dans le même cas, et alors votre devoir est celui de persister à demander que cette mystérieuse affaire s'éclaircisse, ce qui ne peut se faire que par la revision du procès.

L'Antisémitisme en France.

On doit pouvoir commencer à constater les néfastes résultats de l'antisémitisme et à juger par le mal déjà fait tout celui que les menées de ses agitateurs produiraient si le gouvernement n'y coupait court sans tarder.

C'est un triste bilan que celui des désastres financiers et des ruines économiques, de l'état d'esprit et de la désorganisation sociale déterminés déjà par ce dissolvant de toute cohésion, de toute solidarité dans les relations communes, de toute unité dans l'État.

C'est la perte irrémissible de l'ordre de choses institué par la Révolution que ces conspirateurs dont les maléfices égalent la scélératesse ont juré et à laquelle ils travaillent sans relâche, par les moyens que j'ai eu si souvent l'occasion de signaler et contre lesquels je ne cesserai pas de mettre en garde la nation.

Ces moyens sont :

L'excitation à la haine des citoyens les uns contre les autres ;

La panique commerciale et le malaise économique ;

Le discrédit jeté sur les principales valeurs, l'affolement de la Bourse, la baisse à outrance, les banqueroutes qui en sont l'inéluctable conséquence ;

Sous couleur enfin de réformes, de réparation morale, de revendications sociales, la prédiction de l'insurrection, la provocation à l'émeute et au renversement de la République.

Connaissez-vous rien de plus dangereux à tolérer ?

Le complot contre la sûreté de l'État n'est-il pas nettement caractérisé ?

Ne sont-ils pas les pires fauteurs de désordre ceux qui par leurs journaux et par leurs meetings sèment ainsi la déconsidération, paralysent les affaires.

Si la France souffre d'un malaise si cruel et se débat dans l'incertitude du lendemain, n'est-ce pas à eux et aux tristes gouvernants de ce pays que le ressentiment public en doit reprocher la responsabilité ?

Or, qui sont-ils ?

Un ramassis d'ambitieux et de déclassés, d'utopistes et de déséquilibrés, de sectaires et d'énergumènes, de chefs de toute sorte de partis et de groupes, rapprochés en une union factice et éphémère par l'occulte machination des jésuites, agissant simultanément et pour la plupart à l'aveuglette, se détestant les uns les autres, rivaux, envieux, bilieux, haineux, alliés aujourd'hui pour attaquer et pour détruire ; destinés et résolus à s'entredévorer demain si, pour la perte de la France, ils venaient par hasard à réussir.

Que représentent-ils ?

L'Anarchie.

Demandez donc à chacun de ces prétendus redresseurs de torts quelle est sa synthèse? à ces impérieux réformateurs quel est leur programme?

Ils n'en ont pas.

En dehors de quelques phrases creuses, de quelques trivialités faubouriennes, de quelques utopies déclamatoires, ils ne savent rien, ils ne sont prêts pour rien.

C'est le néant !

Où mèneraient-ils le pays, si, vaisseau désemparé, sans boussole, incapables eux-mêmes de gouverner à la faveur de la démoralisation publique, ces mutins s'en rendaient les maîtres demain ?

Quand on émet la prétention de faire des réformes, de changer l'ordre social d'un peuple, il faut tout d'abord commencer par avoir une constitution toute prête à lui offrir.

Où est-elle cette nouvelle constitution?

Quelle est-elle ?

C'est donc la seule émeute, la seule destruction de ce qui existe que préparent, que rêvent ces gens-là : et ils sont aussi incapables de concevoir que d'exécuter autre chose.

Je disais donc bien : c'est l'Anarchie.

Eh! bien, l'Anarchie, c'est l'ennemie.

Depuis l'organisation définitive de la République, l'ère des révolutions est fermée. C'est par évolutions que doit s'accomplir le progrès.

Que demande le pays? Des affaires. Que réclame le peuple? Plus de prospérité générale pour améliorer par corollaire sa condition privée. Que faut-il? L'ordre et la stabilité.

C'est nous qui sommes l'ordre; c'est nous qui sommes la stabilité; c'est nous qui sommes les conservateurs.

Les autres sont les révolutionnaires.

Le gouvernement a le devoir de garantir le peuple contre leurs provocations.

Et en le protégeant contre leurs menées, c'est la fortune publique, c'est la sécurité nationale, c'est sa propre existence qu'il protégera.

C'est le juif qu'on attaque. — Mais c'est à lui qu'on en veut.

Et qu'on le sache bien, ce n'est pas seulement en France que les juifs travaillent à la prospérité du pays, tandis que les antisémites travaillent à sa ruine; la même chose se passe en Allemagne et en Autriche-Hongrie.

Tous ceux qui ont suivi la campagne que j'ai menée contre l'antisémitisme sont étonnés de me voir encore aussi courageux et énergique après les souffrances morales que l'on m'a fait endurer.

Oui, je suis toujours le même. Je continuerai à défendre les juifs lorsqu'ils seront systématiquement attaqués par les coquins de l'antisémitisme; mais le premier, j'attaquerai ceux des israélites et les non-juifs qui ne marcheront pas droit et qui, par leurs agissements, sont la cause de la ruine des petits. Je n'épargnerai ni les accapareurs, ni les affamateurs du peuple.

Je défendrai avec énergie, comme par le passé, la classe laborieuse, comme je viens encore de le faire lors de mon passage à Mulhouse, ce qui m'a valu les félicitations de mes confrères, et je remercie l'honorable directeur du *Journal d'Alsace* pour l'aimable article dont il a bien voulu me gratifier et que je reproduis :

«M. Henri Strauss, le directeur-rédacteur en chef de l'*Alliance Nationale*, est à Strasbourg, où il est descendu à l'hôtel de France. On sait avec quel courage notre confrère a combattu l'antisémitisme et avec quelle énergie il continue cette tâche. M. Henri Strauss, pendant son récent passage à

Mulhouse, a encore trouvé moyen d'y protéger les petits employés. Les grands magasins de nouveautés ne fermaient pas avant 10 ou 11 heures du soir. Grâce à notre confrère, une convention a été signée chez le notaire Krieger, et les propriétaires des magasins se sont engagés, sous peine d'une contravention de 100 m. à verser au Bureau de bienfaisance, à fermer leurs magasins à 8 heures du soir. M. Strauss se propose d'agir de même dans toutes villes où il passera, et nous le remercions pour cet acte d'humanité.

« Notre confrère a écrit un livre sur le cas du capitaine Dreyfus. Ce livre sera édité à Strasbourg et il promet d'avoir un grand retentissement. Nous aurons l'occasion d'y revenir. L'*Alliance Nationale*, qui avait cessé de paraître, reparaîtra le mois prochain. Nous souhaitons bonne chance à notre courageux confrère. »

Oui, et je le répète, le couteau sur la gorge, l'on ne me fera pas taire.

Aussi longtemps que je pourrai tenir une plume, manier mon épée, et que j'aurais une langue pour parler, personne au monde ne m'empêchera d'écrire et de dire ce que je pense, comme par exemple :

« J'appelle un chat un chat, et Winter un fripon. »

Conclusion.

La brochure est imprimée, sa mise en page est faite. Après bien des hésitations, et après avoir consulté des amis, je me décide d'ajouter ce qui suit.

Que la personne qui m'a donné les renseignements soit sans inquiétude, quoi qu'il arrive, je fais le serment, que jamais je ne la nommerai, elle n'a rien à craindre pour sa carrière.

Tout homme sensé qui aura lu la brochure de *Bernard Lazare* et celle-ci, sera convaincu de l'innocence du capitaine Dreyfus, et n'hésitera pas un seul instant, à déclarer qu'il n'y a plus de doute possible ; que l'affaire du prisonnier de l'Ile du Diable est louche et qu'elle repose sur une infamie.

Tout le monde sait que j'avais des amis au ministère de la guerre, et que lors du départ du colonel Mourlon pour le Tonkin, j'ai composé un *Pas-redoublé*, pour son régiment.

Eh bien, un de mes amis attaché au ministère de la guerre, m'a communiqué : **Que peu de temps après le départ du martyr pour l'Ile du Diable, l'on a eu la conviction au ministère de la guerre, que l'on avait commis une maladresse.**

Pour faire alors disparaître la mauvaise impression que cette condamnation avait produite à l'étranger, l'on disait que **le capitaine, n'avait pas été condamné pour le document, mais parce qu'il avait livré à l'Italie, le plan de la défense des Alpes.**

Et comme les ronds de cuir, des ministères en France, sont presque tous des abrutis, l'on ajoutait : **Que cette affaire avait coûté des millions au pays, puisque l'on a été forcé de changer le plan pour la défense des Alpes.**

Eh bien, si l'on a changé le système de défense, celui qui existait avant la condamnation du capitaine n'existe plus, il n'y a donc aucun danger de reviser le procès et de rendre les débats publics.

J'ai aussi appris par mon ami :

Qu'au ministère de la guerre, l'on est persuadé que le capitaine est innocent,

mais l'on n'ose rien faire, d'un côté l'on craint la presse, et puis l'on préfère sacrifier le malheureux pour sauver le prestige du conseil de guerre, qui l'a condamné.

N'est-ce pas monstrueux ?

Je l'ai déjà dit, l'on se trompe, ce n'est pas en agissant de la sorte que l'on sauvera en Amérique et en Europe le prestige du corps des officiers français, il n'y a que deux manières pour ce faire, j'ai indiqué les moyens :

Revision du procès. — Nouvelle instruction impartiale. — Débats publics.

Un soir, à Francfort, j'étais en société au café *Milani*. Un employé de la bibliothèque, prenant le *Figaro*, exprimait son étonnement du peu d'annonces qu'avaient les journaux parisiens, en regard des journaux américains, anglais et allemands, et demandait comment ces journaux pouvaient exister. Un des plus grands journalistes de l'Allemagne, qui se trouvait dans notre société répondit : les grands journaux français n'ont pas besoin d'annonces, ils vivent du chantage.

Et c'est ainsi : En France, lorsqu'un homme a le courage de dire ce qu'il pense, et qu'il ne vend pas sa plume, on l'emprisonne pour tentative de chantage, mais ceux qui touchent des deux millions du Panama pour aider par cet acte de chantage à ruiner des milliers de petits rentiers, anciens petits employés et domestiques, on les nomme sénateurs.

Rien de plus plaisant sous ce rapport que l'entrevue de M. Rouanet avec Cornélius Herz, le diabétique, — ami d'Andrieux — à Bournemouth, il y a quelques jours, et reproduite le 16 juillet 1897 par le *Moniteur des chiens de ces petites dames (le Figaro)*... Cette entrevue remarquable prouve non seulement que la *Presse parisienne* a touché de l'argent, mais aussi qu'Andrieux n'était pas le seul ami du diabétique, — le fameux *Hanneton*, qui remplit en France les fonctions de ministre des affaires qui lui sont complètement étrangères est un des excellents amis de Cornélius Herz.

L'entrevue de Bournemouth.

Cornélius Herz est remis en actualité par la Commission d'enquête du Panama et le voici, depuis hier, au premier rang des interviewés, puisque deux députés, MM. Rouanet et Plichon, se sont rendus auprès de lui, à Bournemouth, pour le questionner, en attendant mieux, sur l'authenticité de sa lettre à M. Vallé.

Le docteur Herz, qui était vêtu de flanelle blanche et étendu dans un grand fauteuil, a reçu dans sa chambre à coucher les deux envoyés du Palais-Bourbon et s'est mis à sourire malicieusement quand MM. Plichon et Rouanet lui ont demandé de vérifier sa signature.

— Mais rien ne vous était plus facile que de la vérifier dans le Parlement, a répliqué Cornélius Herz : il y a tant de gens qui la connaissent !

Ce début de conversation a dû jeter quelque froid.

La *Lanterne*, qui a interviewé M. Rouanet au moment où il sortait de Tankerville-House, nous communique une interview intéressante sur cette visite.

— C'est une jeune personne, la jeune fille de Herz, si j'en crois certaines ressemblances, déclare M. Rouanet, qui nous introduit auprès du célèbre malade. Herz, vêtu de flanelle de la tête aux pieds, est assis, presque étendu, dans un grand fauteuil, à côté d'un lit de camp. Un peu plus loin est un autre lit de fer, drapé de blanc.

Tout de suite nous expliquons l'objet de notre visite : la Commission d'enquête du Panama a reçu une lettre signée Herz, par laquelle le signataire demandait à être entendu d'elle, pour lui fournir des renseignements et des documents intéressants sur les faits de corruption financière et parlementaire que nous recherchions. Avant de répondre officiellement à cette offre de déposition, la Commission a voulu s'assurer de l'authenticité du document.

Et Plichon, qui a la lettre, la fait passer à Herz.

D'un geste las, Herz la prend et nous dit :

— Cette lettre est bien authentique. Le corps même de la lettre n'est pas de moi. Mais je l'ai signée. C'est bien ma signature, et je ne comprends pas qu'on ne l'ait pas reconnue du premier coup.

Herz parle lentement, d'une voix hésitante, tout d'abord, qui se raffermit ensuite.

— Ma lettre, dit-il, vous a été communiquée samedi matin — je me tiens au courant par les journaux. Cependant elle aurait pu l'être vendredi, puisqu'elle a été mise à la poste le jeudi matin, à la première levée.

J'interromps en ce moment notre interlocuteur ;

— J'ai vu M. Vallé décacheter votre lettre et je puis vous assurer qu'il venait de la recevoir quand il l'a lue à la Commission.

— Oh ! reprend Herz, je n'attache pas grande importance à ce fait. Mais ce qui me surprend, c'est qu'on ait été si embarrassé pour reconnaître ma signature. Il y a tant de gens à Paris qui la connaissent !

Ici sa voix prend un accent sarcastique et s'empreint d'une amertume violente.

— Votre ministre des affaires étrangères, par exemple,

n'avait pas besoin d'envoyer ici un représentant du consulat français, comme il vous l'a offert, pour s'assurer de l'authenticité de ma signature. Il la connaît, il sait qui je suis. Tout le monde connaît mon écriture à Paris, depuis le Président de la République jusqu'à M. Hanotaux. La preuve, c'est que voici, avec la signature de M. Hanotaux, une lettre de recommandation que celui-ci me fit donner par M. de Laboulaye, ministre de France à Madrid, lors de mon voyage que j'avais fait à Lisbonne.

En même temps, Herz nous fait passer une feuille de papier contenant la reproduction photographique, grandeur naturelle, de la lettre à laquelle il fait allusion. Par politesse, je la lui rends, non sans m'être assuré, d'un coup d'œil, qu'elle porte bien la signature d'Hanotaux.

— Vous voyez, nous dit-il, qu'il pouvait vous renseigner personnellement, sans vous faire perdre un temps précieux. J'ai eu des liens d'amitié très étroits avec tous vos hommes politiques et aussi avec un grand nombre de journalistes qui se croient autorisés à m'injurier, maintenant. Je veux croire, malgré tout, que ces liens subsistent toujours et qu'on m'aimait non pour l'argent donné, mais par pure sympathie.

Je renonce à vous dire de quel air, sur quel ton, ces paroles sont prononcées. Cet aparté, qui dénote chez Herz une ulcération profonde, terminé, nous disons qu'il ne nous reste plus qu'à nous retirer pour rendre compte à la Commission du résultat de notre démarche.

A cet instant, Herz nous arrête du geste et dit :

— Un mot encore. Je veux répondre à la Commission, lui dire, comme je l'ai promis dans ma lettre, à quels événements j'ai été mêlé, et cela vous permettra, messieurs, de constater les iniquités de tout ordre commises par la justice et le gouvernement à mon égard. Mais relisez le texte de ma missive. Vous verrez, que je demande à comparaître devant la Commission, tous ses membres réunis.

Si l'état de ma santé m'eût permis d'aller à Paris, j'aurais accepté avec joie la proposition faite par un de vos collègues, M. Viviani, qui demandait l'autre jour qu'un sauf-conduit me fût délivré. Malheureusement, je suis cloué ici. Et pourtant je veux parler. Parler publiquement, le plus vite possible, pour démontrer que Herz n'est pas un malfaiteur. Oui ! je suis pressé de vous faire cette démonstration, dont la Commission reconnaîtra le bien fondé après m'avoir entendu. Je ne sais pas combien de jours il me reste, mais je suis condamné à être emporté et je ne veux pas mourir sans avoir tout dit. Car serais-je mourant, quand vous viendrez, en proie à une de ces crises violentes comme j'en traverse, j'aurai la force de parler.

Mais, continue-t-il, je ne veux parler que dans des conditions de nature à me démontrer la résolution de la Commission de connaître impartialement la vérité.

Nous l'interrompons pour lui dire que la Commission a hâte de connaître toute la vérité, de faire toute la lumière, que ses déclarations et les documents qu'il pourra verser seront enregistrés et recueillis dans des conditions d'impartialité absolue.

— Je comprends, dit-il, que toute la Commission ne puisse m'entendre ; mais la majorité de la Commission, 17 membres sur 33, par exemple, peut écouter les explications très intéressantes, croyez-m'en, que j'ai à lui fournir.

— Comme vous pensez, nous dit Rouanet, notre rôle consistait surtout à écouter et à noter dans notre mémoire ce que nous disait Herz, pour le transmettre à la Commission. Nous nous sommes retirés sur ces mots.

Nous demandons alors à M. Rouanet quelle impression a produite sur lui l'entretien qu'il vient d'avoir.

— Mon impression, dit le député de Montmartre, c'est que

Cornélius Herz est exaspéré par l'ingratitude d'une foule de gens qui affectent de le mépriser à terre, après l'avoir encensé debout, qu'il en sait long, très long, et est prêt à se soulager le cœur devant la Commission.

— Alors, vous croyez que la Commission doit se transporter à Bournemouth?

— Je crois que la Commission ne doit négliger aucun moyen d'arriver à faire la lumière, à accomplir l'œuvre d'assainissement qu'on lui a confiée et je suis convaincu qu'elle étudiera précieusement la source Cornélius Herz.

Aimables lectrices, chers lecteurs, vous conviendrez pourtant avec moi que le *Figaro* a de l'audace, beaucoup d'audace, de parler de cordes dans la maison du pendu, car personne n'ignore que ce journal a palpé la modique somme d'**un million** dans l'affaire du Panama.

Je suis persuadé que la Commission n'ira pas à Bornemouth, car elle serait forcée après l'enquête de demander des poursuites contre d'anciens ministres, députés et sénateurs.

Si le gouvernement français et les coquins haut placés me tenaient maintenant sous la main, je ne serais pas étonné, si l'on m'accusait, afin de se débarrasser de moi, d'avoir coupé le fil de la conversation de *David Winter* avec sa femme, comme on avait coupé le fil de conversation d'*Abélard* avec *Héloïse.* Heureusement je suis en Alsace et je m'y trouve bien.

D'ailleurs, je n'ai nulle envie de conter fleurette à dame Thémis en France, elle y est trop laide: aveugle, bancale et boiteuse, enfin hideuse! Elle réserve ses sourires aux casquettes à trois ponts, aux pires scélérats de la capitale, à tout ce qui est vil, et en ceci elle ressemble aux vieilles édentées qui parcourent après minuit les boulevards extérieurs du côté de la Villette et de Belleville.

Maintenant que j'ai désillé les yeux aux Français, qu'ils

peuvent juger de ce que sont capables leurs Administrations, je compte sur leur générosité dont ils se vantent tant, pour demander: **la revision du procès du capitaine Dreyfus, le malheureux et innocent prisonnier de l'Ile du Diable.**

L'Express de Mulhouse, dans son n° du 15 mai dernier, m'a consacré un long article, il dit :

« Strauss, paraît n'avoir rien perdu de son énergie, il ne s'est pas laissé abattre par les mauvais jours qu'il vient de passer, il recommencera la lutte aussi courageusement que par le passé . . . .

. . . .

. . . .

M. Strauss nous a développé ses idées qui ne manquent pas de grandeur et nous lui souhaitons de tout cœur qu'il réussisse enfin . . . .

. . . .

. . . .

Ce Strauss que l'on croyait à terre se relève. Oui, ce Strauss que l'on croyait à terre se relève, il ne se laisse pas abattre par des coquins, il continuera à lutter contre les faiseurs, et ne cessera la campagne qu'il entreprend aujourd'hui **contre la monstrueuse condamnation du capitaine Dreyfus que lorsque justice sera rendue et l'Opinion publique finira par la réclamer.**

Impr. Als. anc' G. Fischbach, Strasbourg. — 33 10.